Olúfẹ́mi O. Táíwò

Das Privileg, im Raum zu sein

UNRAST

Olúfẹ́mi O. Táíwò

Das Privileg, im Raum zu sein

Eine kritische Auseinandersetzung mit Identitätspolitik

aus dem Englischen übersetzt von
Michael Schiffmann

UNRAST

Olúfẹ́mi O. Táíwò
Das Privileg, im Raum zu sein
Eine kritische Auseinandersetzung mit Identitätspolitik
1. Auflage, Februar 2025
ISBN 978-3-89771-629-2

Fuggerstr. 13 a, 48165 Münster
www.unrast-verlag.de | kontakt@unrast-verlag.de
Mitglied in der assoziation Linker Verlage (aLiVe)

Umschlag und Satz: Andreas Hollender, Köln
Druck: Multiprint, Kostinbrod

Inhalt

Danksagung

Wie immer habe ich unzähligen Menschen für dieses Werk zu danken.

Ich danke meiner Familie für ihre Unterstützung: meinen Geschwistern Ibukun und Ebun sowie meinen Eltern Abiola und Yetunde, all den Taiwos und Sokunbis und all den Nigerianer*innen in Cincinatti; Abigail Higgins, den Higgins und den Kennedys.

Ich möchte meiner Lektorin, Emma Young, und Sam Smith von Haymarket sowie all denen danken, die dieses Buch logistisch möglich gemacht haben: Anthony Arnove, Stephanie Steiker, Suzanne Lipinska und den Leuten bei KIOSK und Africasia, die mir ihr journalistisches Werk zur Verfügung gestellt haben, darunter Simon Delobel and Mathieu Kleyebe Abonnenc. Ursprüngliche Grundlage dieses Buches bilden zwei Essays, die in *Boston Review* und *The Philosopher* veröffentlicht wurden. Ich möchte Deb Chasman, Matt Lord und ihren Kolleg*innen bei *Boston Review* sowie Chiara Ricciardone und Anthony Morgan und ihren Kolleg*innen bei *The Philosopher* dafür danken, dass sie die ursprünglichen Versionen der zugrundeliegenden Idee unterstützt und dadurch dieses Buch möglich gemacht haben.

Mein besonderer Dank gilt einer Reihe von Wissenschaftler*innen, deren direkte und indirekte Unterstützung es mir ermöglicht hat, überhaupt hier zu sein: AJ Julius, Daniela Dover, Melvin Rogers, Jason Stanley, Gaye Theresa Johnson und anderen, auf deren Werk, Weisheit oder Führung ich mich implizit oder explizit gestützt habe: Josh Armstrong, Quill Kukla, Mark Lance, Bryce Huebner, Henry Richardson. Ferner Freund*innen und Genoss*innen, deren Unterstützung und Rat genauso unentbehrlich war, um dieses Buch zu Ende zu bringen: Liam Kofi Bright, Marques Vestal, Thabisile Griffin, Austin Branion, Alexis Cooke, Shelbi Nahwilet Meissner, Joel Michael »Boxcutter Joelie« Reynolds, Jeanne-Marie Jackson-Awotwi.

Den Institutionen und Organisationen, in denen und von denen ich lernen konnte: The Undercommons, UAW 2865, UCLA Labor Center, LA Black Workers Center und Pan-African Community Action.

Unseren moralischen Vorfahren, ohne deren Kämpfe und Opfer nichts von alldem möglich wäre: den antikolonialen Kämpfer*innen, den Abolitionist*innen, den Arbeiter*innen, die mehr verlangt haben, und den Aktivist*innen, die sich geweigert haben, sich mit weniger zufrieden zu geben.

All unseren moralischen und physischen Nachkommen, denen, die noch jung sind und denen, die noch kommen werden: mit Liebe, mit Hoffnung und mit Solidarität.

Einführung

Es gibt für uns keinen Rassismus, keinen Tribalismus;
wir kämpfen nicht bloß darum, eine Flagge, eine Hymne
*und Minister*innen zu haben. Wir werden uns nicht im*
Gouverneurspalast einnisten, das ist nicht unser Ziel. [...]
Wir kämpfen darum, unser Volk nicht nur vom Kolonialismus,
sondern von jeder Form von Ausbeutung zu befreien.
Wir wollen, dass niemand mehr unser Volk ausbeutet, weder
Weiße noch Schwarze.

Amílcar Cabral, *Unity and Struggle*[1]

Der Beginn der Lockdowns während der COVID-19-Pandemie im Frühjahr 2020 führte zu zahlreichen Unterbrechungen des Normalbetriebs: Nah- und Fernverkehr, Flugreisen, Nachtleben, Gemeindeaktivitäten, Büchereien, Friseurläden waren lahmgelegt. Sogar auf den Spielplätzen wurde es still. Aber all das hielt das Morden der Polizei auf der ganzen Welt nicht auf.

In einigen Fällen brachten die Lockdowns die Morde sogar ins Rollen: Am 31. März, vier Tage nach dem Beginn der Ausgangssperre in Kenia, setzte die kenianische Polizei die Anordnung durch, indem sie ein ganzes Viertel stürmten und die Menschen dort wahllos verprügelten, bevor sie schließlich mit scharfer Munition das Feuer eröffneten.[2] Eine der Kugeln traf und tötete Yasin Hussein Moyo, einen Dreizehnjährigen,

1 Amílcar Cabral, *Unity and Struggle: Speeches and Writings of Amílcar Cabral*, Band 3 (New York: New York University Press, 1979), 86.

2 Max Bearak and Rael Ombuor, »Kenyan Police Shot Dead a Teenager on His Balcony during a Coronavirus Curfew Crackdown«, *Washington Post*, 31. März 2021, https://www.washingtonpost.com/world/africa/kenyan-police-shot-dead-a-teenager-on-his-balcony-during-a-coronavirus-curfew-crackdown/2020/03/31/6344c70e-7350-11ea-ad9b-254ec99993bc_story.html.

der dem Aufruhr vom Balkon seiner Wohnung aus zugesehen hatte. Am 19. Mai machten zwei Polizist*innen in Puerto Tejada in Kolumbien Jagd auf den 21-jährigen Anderson Arboleda, weil er gegen die wegen der Pandemie verhängte Ausgangssperre verstoßen hatte. Er wurde so brutal geschlagen und mit Pfefferspray misshandelt, dass er am nächsten Morgen starb.[3]

In anderen Fällen änderte die Pandemie ganz einfach nichts an den üblichen Mustern der Polizeigewalt: Am 18. Mai drangen drei Polizist*innen in eine Wohnung in der Favela Complexo do Salgueiro in Rio de Janeiro ein, in der sechs Cousins miteinander spielten.[4] Sie eröffneten das Feuer und schossen den 14-jährigen João Pedro Matos Pinto in den Rücken. In einem verzweifelten Versuch, ihn zu retten, brachten Verwandte ihn zu einem Polizeihubschrauber. Danach wussten seine Angehörigen weder, wo er war, noch wie es ihm ging, bis sie ihn 17 Stunden später im Leichenschauhaus wiederfanden. Laut eigener Schätzung der Polizei Rio de Janeiros töteten ihre Polizist*innen zu Beginn des Jahres 2020 durchschnittlich sechs Menschen pro Tag. Wenn diese Tötungen dem Muster der vorausgegangenen zehn Jahre folgten, waren mehr als drei Viertel der Getöteten Schwarze Männer.[5] Um ein Gefühl für die Dimensionen zu geben: 2019 wurden allein im brasilianischen Bundesstaat Rio de Janeiro fast doppelt so viele Menschen von der Polizei getötet wie in den gesamten USA.[6]

In den Vereinigten Staaten löste im Jahr 2020 eine Reihe von Polizeimorden, denen unter anderem Breonna Taylor (13. März), George Floyd (25. Mai) und Tony McDade (27. Mai) zum Opfer fielen, ein his-

---

3 Jorge Valencia, »Black Lives Matter Protests Renew Parallel Debates in Brazil, Colombia«, *The World*, 15. Juni 2021, https://www.pri.org/stories/2020-06-15/black-lives-matter-protests-renew-parallel-debates-brazil-colombia.

4 »Demonstrators in Brazil Protest against Crimes Committed by Police«, *VOA News*, 1. Juni 2020, https://www.voanews.com/americas/demonstrators-brazil-protest-against-crimes-committed-police.

5 César Muñoz, »Brazil Suffers Its Own Scourge of Police Brutality«, *Human Rights Watch*, 3. Juni 2020, https://www.hrw.org/news/2020/06/03/brazil-suffers-its-own-scourge-police-brutality.

6 »Rio Violence: Police Killings Reach Record High in 2019«, *BBC News*, 23. Januar 2020, https://www.bbc.com/news /world-latin-america-51220364.

torisch beispielloses Maß an Protesten aus: Einigen Schätzungen zufolge beteiligten sich 26 Millionen Menschen, das heißt, beinahe acht Prozent der Gesamtbevölkerung, in der ein oder anderen Form an den Protesten.[7] Die Proteste waren nicht nur groß, sondern auch kämpferisch. Überall im Land wurden Luxus-Einkaufszentren und andere Geschäfte gestürmt und geplündert. In Minneapolis mussten Polizist*innen des Dritten Bezirks um ihr Leben fliehen, nachdem Rebell*innen mit Wurfgeschossen die Fenster der Polizeistation zertrümmert und das Gebäude in Brand gesteckt hatten.

Tatsächlich gab es weltweit solche Proteste. Im Juni 2020 gingen Demonstrant*innen in Städten rund um die Welt auf die Straße, darunter Rio, Seoul, London, Sydney, and Monrovia.[8] Diese weltweite Solidarität ist zweifellos dem unermüdlichen internationalen Engagement der Black Lives Matter Ortsgruppen, der Dachorganisation Movement for Black Lives und einer Reihe anderer Organisationen weltweit zu verdanken, die in Partnerschaft und Solidarität mit ihnen zusammenarbeiten. Aber sie wurzelt auch in der globalen Natur der sich überschneidenden Dynamiken von Rassismus und Polizeigewalt. Diese Probleme gehören zu den vielen Hinterlassenschaften unserer jüngsten Vergangenheit, die unser Leben heute immer noch prägen.

In Nigeria erreichte die Energie einige Monate später, im Oktober 2020, ihren Höhepunkt, als Protestierende auf die Straße gingen, um für die Abschaffung der Special Anti-Robbery Squad (SARS) des Landes zu demonstrieren, einer geheimen Polizeitruppe, die für etliche Fälle der widerrechtlichen Folterung, der sexuellen Misshandlung und der Ermordung von Nigerianer*innen verantwortlich ist. Die #EndSARS-Protestierenden stießen auf erbitterten Widerstand – und scharfe Mu-

7 Larry Buchanan, Quoctrung Bui, and Jugal K. Patel, »Black Lives Matter May Be the Largest Movement in U.S. History«, *New York Times*, 3. Juli 2020, https://www.nytimes.com/interactive/2020/07/03/us/george-floyd-protests-crowd-size.html; Dudley L. Preston, »3 Ways That the U.S. Population Will Change over the Next Decade«, *PBS NewsHour*, abgefragt 2. Januar 2020, https://www.pbs.org/newshour/nation/3-ways-that-the-u-s-population-will-change-over-the-next-decade.

8 Jen Kirby, »›Black Lives Matter‹ Has Become a Global Rallying Cry«, *Vox*, 12. Juni 2020, https://www.vox.com/2020/6/12/21285244/black-lives-matter-global-protests-george-floyd-uk-belgium.

nition – seitens der nigerianischen Regierung, unter anderem in Gestalt des berüchtigten Lekki-Toll-Gate-Massakers. Amnesty International bezifferte die Zahl der Toten auf zwölf.[9] Wir müssen hierbei verstehen, dass die #EndSARS-Protestierenden nicht lediglich mit anderen Protesten des Jahres 2020 sympathisierten oder sie nachahmten, sondern dass sie genau denselben Kampf an ihrer eigenen Front führten.

Die Special Anti-Robbery Squad Nigerias, die Polizei in den USA und viele andere repressive Institutionen bedienen sich derselben ideologischen Strukturen und Gewaltstrategien, weil sie einander institutionell sehr ähnlich sind und zur Durchsetzung derselben Ziele gegründet wurden. Die meisten von ihnen haben ihre Wurzeln in der Kolonialzeit des 19. und 20. Jahrhunderts, einer Zeit, in der jede nationale Institution als Franchise unter dem Logo des globalen rassifizierten Imperiums funktionierte und alle Territorialarmeen, Kolonialregierungen und nationalen Aktienbörsen in einem mächtigen Kartell miteinander verbunden waren. Während die einzelnen Sicherheitskräfte unter dem Schirm des globalen rassifizierten Imperiums für unterschiedliche nationale Interessen arbeiteten, diente das Kartell als Ganzes den Interessen derselben Eliten und sorgte dafür, dass Wohlstand und Privilegien von Süden nach Norden, von Schwarz nach Weiß flossen. Dieses System ist nie wirklich zerschlagen worden. Während man in der globalen Politik heute nicht mehr gern von »Imperium« spricht, leben wir in Wirklichkeit immer noch darin. Frankreichs Management der Währungen vieler französischer Ex-Kolonien in Afrika hält imperiale Strukturen unverhüllt weiter am Leben, und zugleich tyrannisieren scheinbar neutrale internationale Konzerne und Institutionen die ärmeren Völker und Länder der Welt auf »neokoloniale« Art.[10]

9 »Nigeria's Lekki Shooting: What Has Happened so Far at Lagos Judicial Panel«, *BBC News*, 27. November 2020, https://www.bbc.com/news/world-africa-55099016.

10 Ich untersuche diese Frage ausführlicher in meinem Buch *Reconsidering Reparations: Worldmaking in the Case of Climate Crisis* (New York: Oxford University Press, 2021); Kwame Nkrumah, »Neo-Colonialism: The Last Stage of Imperialism«, 1967; F Pigeaud und NS Sylla, »Africa's Last Colonial Currency: The CFA Franc Story«, 2021.

Als Menschen überall auf der Welt sich gegen den Terror und die Gewalt der Polizei erhoben, denen sie seit Jahrhunderten ausgesetzt waren, war es daher ungeachtet aller lokalen Unterschiede sofort klar, dass es hier um etwas Globales ging. Die Reaktion der herrschenden Eliten kam ebenso prompt: Die Weltbank schuf eine »Task Force zum Rassismus« und die Vereinten Nationen beschlossen unter dem Druck des gesamten Blocks der Afrikanischen Union und deren 54 Staaten die Einleitung einer auf ein Jahr angelegten Untersuchung des anti-Schwarzen Rassismus.[11]

In dieser Reaktion zeigten sich rasch zwei strategische Trends, nämlich zum einen die von den Eliten betriebene Taktik symbolischer Identitätspolitik zur Beruhigung der Protestierenden, die nicht von materiellen Reformen begleitet war, und zum anderen ihr Versuch, bestehenden Institutionen ein neues Image zu geben, statt sie zu ersetzen, ein Versuch, bei dem ebenfalls Elemente der Identitätspolitik eingesetzt wurden.

Zu einer beeindruckend klaren Illustration des ersten Trends kam es, als der Bürgermeister von Washington DC den Schriftzug »Black Lives Matter« auf eine Straße unweit des Weißen Hauses malen ließ, während gleichzeitig Protestierende in den Straßen Washingtons weiterhin von der Polizei misshandelt wurden. Im Jahr darauf führte die Central Intelligence Agency offensiv die zweite Strategie ein und produzierte unter der Rubrik »Menschen der CIA« ein Dutzend Rekrutierungsvideos, die sich an eine Vielzahl von Identitätsgruppen wie queere und Indigene Menschen richteten. In einem treffend »Jetzt kommt das Zeitalter des intersektionalen Imperiums« betitelten Artikel warnte der Journalist Roberto Lovato seine Leser*innen vor den möglichen Folgen dieser Kampagne: »In der großen weiten Welt jenseits progressiver Kreise gibt es Millionen von Menschen, die für Werbeaktionen von Armee und

---

11 David Malpass, »June 18, 2020: Ending Racism«, *Voices*, 18. Juni 2020, https://blogs.worldbank.org/voices/june-18-2020-ending-racism; Chris Cannito, »UN Human Rights Council Holds Historic Hearings on Racism in US«, *Nonprofit Quarterly*, 22. Juni 2020, https://nonprofitquarterly.org/un-human-rights-council-holds-historic-hearings-on-racism-in-us/.

Marine, bei denen stolze Schwarze und Latin@-Soldat*innen gezeigt werden, durchaus empfänglich sind.«[12]

Politische Projektgruppen, erbauliche Wandgemälde und inspirierende Werbefilme dienen hier als Lockmittel. Aber andererseits wird natürlich auch der Knüppel eingesetzt. Bis Juni 2021 waren in 25 Staatsparlamenten Gesetzentwürfe eingereicht und zum Teil realisiert worden, die das Unterrichten von »critical race theory« verbieten. Das war Teil eines Kulturkampfes, der von Denkfabriken wie der Heritage Foundation und dem Manhattan Institute sowie von gut vernetzten Einzelpersonen wie Mark Meadows (einem ehemaligen Stabschef des Weißen Hauses unter Trump) betrieben wurde.[13] In Großbritannien rief die Regierung die Commission on Race and Ethnic Disparities ins Leben, die einen Bericht herausgab, der den britischen Staat von dem von Black Lives Matter behaupteten institutionellen Rassismus freisprach.[14] Wenn der Versuch der Kooptierung versagt, ist die alte Politik der Repression immer noch gut genug.

Was sollen wir also von der Identitätspolitik halten? Einige Ausdrucksformen der Identitätspolitik werden verzerrt, um alten imperialen Projekten ein neues Image zu verleihen, während andere Arten von den Mächtigen aktiv unterdrückt werden. Ist die Identitätspolitik selbst, wie

---

12 Roberto Lovato, »The Age of Intersectional Empire Is Upon Us«, 10. Mai 2021, *The Nation*, https://www.thenation.com/article/politics/cia-video-intersectional/.

13 Talia Lavin, »The 1960s Previewed the GOP Attack on ›Critical Race Theory‹«, *MSNBC*, 22. Juni 2021, https://www.msnbc.com/opinion/right-wing-freakout-about-critical-race-theory-began-1960s-n1271670; Kevin M. Kruse, »The Trump Administration's Thinly-Veiled Rebuke of ›The 1619 Project‹ Is a Sloppy, Racist Mess«, *MSNBC*, abgefragt 20. Januar 2021, https://www.msnbc.com/opinion/trump-administration-s-thinly-veiled-rebuke-1619-project-sloppy-racist-n1254807.

14 Amy Cassidy and Tara John, »UN Condemns ›Reprehensible‹ UK Race Report for Repackaging ›Racist Tropes into Fact‹«, *CNN*, 19. April 2021, https://www.cnn.com/2021/04/19/uk /un-uk-race-report-intl-gbr/index.html; Tara John, »Analysis: Culture Wars Give Boris Johnson and His Government a Quick and Easy High. They're No Substitute for Governing«, *CNN*, abgefragt 4. April 2021, https://www.cnn.com/2021/04/04/uk/uk-race-report-culture-wars-intl-gbr/index.html.

der Philosoph Ashley Bohrer meint, nichts weiter als eine harmlose alternative Version linker Politik, die hauptsächlich durch »Kommunikationsfehler« von der orthodoxeren Linken getrennt ist?[15] Oder ist Identitätspolitik etwas Suspekteres, nämlich »ein wichtiges Instrument, das von der Bourgeoisie zur Aufrechterhaltung ihrer Klassenherrschaft über die Arbeiterklasse eingesetzt wird und mit dem sie dafür sorgt, dass die Arbeiter*innen aufgrund von Rassifizierung und ihrer geschlechtlichen Zugehörigkeit gespalten bleiben«, wie Dominic Gustavo auf der *World Socialist Web Site* meint?[16] Oder ist sie, in Gestalt der Critical Race Theory, eine gefährliche Ideologie und eine Bedrohung der herrschenden Ordnung, deren federführende Kräfte sie deshalb vernichten wollen?

Das Combahee River Collective (und warum Identitätspolitik nicht das ist, was viele meinen)

Der Ausdruck »Identitätspolitik« wurde 1977 durch das Manifest des Combahee River Collective populär gemacht, einer Organisation von queeren, Schwarzen feministischen Sozialistinnen, und sollte darauf abzielen, die Solidarität und Zusammenarbeit unterschiedlicher Kräfte zu fördern.

Die Amerikanistin Duchess Harris skizziert die Ursprünge des Collective wie folgt: 1961 rief Präsident John F. Kennedy die Commission on the Status of Women ins Leben. Sie wurde in vier beratende Gremien aufgeteilt, von denen eines die Consultation on Negro Women war. Danach gab es eine Reihe von Treffen und Konferenzen und aus der dritten National Conference of Commissions on the Status of Women ging ein weiteres Treffen hervor, bei dem die National Organization for Women (NOW) gegründet wurde, von der sich die Gründerinnen erhofften, sie würde als eine Art »NAACP für Frauen« fungieren. Aber es gelang NOW nicht, sich ernsthaft mit Rassismus auseinander-

15 Ashley Bohrer, »Intersectionality and Marxism: A Critical Historiography«, *Historical Materialism* 26, Nr. 2 (2018): 60.

16 Dominic Gustavo, »›Humans of CIA‹ Recruitment Campaign Sells Youth ›Identity Politics Imperialism‹«, *World Socialist Web Site*, 20. Mai 2021, https://www.wsws.org/en/articles/2021/05/20/ciar-m20.html.

zusetzen – und Schwarze nationalistische Organisationen versäumten es ebenso, sich genügend mit Gender auseinanderzusetzen.[17] So kam es, dass Aktivistinnen 1973 die National Black Feminist Organization (NBFO) gründeten.[18]

Nachdem die junge Aktivistin Barbara Smith in Boston eine Ortsgruppe der NBFO organisiert hatte, traf sie 1974 auf Demita Frazier. Die beiden Frauen stimmten mit vielen Zielen der NFBO überein, aber sie wünschten sich außerdem eine Organisation, die der Diskussion einer »radikalen Ökonomie« mehr Raum geben und zudem auch Lesben eine Stimme garantieren würde. Und so entstand aus einem Treffen von vier Personen das Combahee River Collective. Von 1977 bis 1980 hielt das Collective sieben Klausurtagungen mit anderen Aktivistinnen ab, an denen gleichgesinnte Bostoner Veteraninnen und sogar die berühmte Schriftstellerin Audre Lorde teilnahmen.

Die Erfahrungen, die diese Aktivistinnen zusammenbrachten, das heißt, die ständige Missachtung und Abwertung ihrer politischen Prioritäten in verschiedenen politischen Organisationen, waren ausschlaggebend für den Standpunkt, den sie dann entwickelten und dem sie den Namen »Identitätspolitik« gaben.

»Wir, als Schwarze Frauen, hatten tatsächlich das Recht, politische Prioritäten und Programme sowie Aktionen und Lösungen zu entwickeln, die auf unseren Erfahrungen basierten«, erklärte Smith später – eine politische Agenda, die auf der gesamten Bandbreite ihrer Erfahrungen und Interessen beruhte, statt sie zu Aushängeschildern für weiße Frauen oder Sekretärinnen von Schwarzen Männern zu machen, und die zugleich die volle Komplexität ihrer Werte statt eine verkümmerte und missgebildete Karikatur dieser Werte verkörperte. Die Princeton-Professorin Keeanga-Yamahtta Taylor formuliert dies folgendermaßen: »Man konnte von den Schwarzen Frauen nicht erwarten, dass sie sich mit vollem Einsatz an politischen Bewegungen betätigten, die ihre

17 Duchess Harris, »From the Kennedy Commission to the Combahee Collective,« in *Sisters in the Struggle* (New York: New York University Press, 2001), 280–305.

18 Harris, »Combahee Collective«, 280–305.

Interessen weder respektierten noch für diese eintraten.« Aus dieser Sicht diente die Identitätspolitik, die das Collective entwickelte, als »*Eingangspunkt* für Schwarze Frauen, sich in der Politik zu engagieren«, und nicht dazu, sich pauschal aus problematischen Organisationen und Bewegungen zurückzuziehen.[19]

Daher befürwortete das Collective vielfältige, koalitionsbasierte Organisationsformen, einen Ansatz, für den Smith später in der basisorientierten Präsidentschaftskampagne von Bernie Sanders ein Beispiel sah, die sich auf die sozialen Fragen konzentrierte, mit denen Menschen mit verschiedenen Identitäten konfrontiert sind und unter denen »grundlegende Bedürfnisse wie Nahrung, Wohnung und Gesundheitsversorgung« an erster Stelle stehen.[20] Beverly Smith, eine weitere Mitgründerin, erinnert sich an die unmittelbare politische Wirkung des Manifests innerhalb linker Gruppen in Boston: »Wir zogen auch viele Women of Color an, oder Frauen, die nicht Schwarz waren. Wir hatten Beziehungen zu Latinas. Wir hatten Beziehungen zu asiatischen Frauen. Und sie zogen ihrerseits auch uns an. Denn es war nicht nur einseitig. Wenn wir herausfanden, das anderswo positive Dinge passierten, konnten wir das auch für uns verwenden.«[21] Der prinzipielle Standpunkt des Collective zur Identitätspolitik war das Prinzip der Einheit, nicht der Spaltung.

Aber im Lauf der Jahrzehnte seit Gründung des Combahee River Collective haben einige Kräfte sich dafür entschieden, sich ausschließlich um immer enger verstandene Gruppeninteressen zu scharen, statt über alle Differenzen hinweg Bündnisse zu schließen, ein Phänomen, das sich vor allem in den sozialen Medien zeigt. Smith sagt dazu diplomatisch,

---

19 Keeanga-Yamahtta Taylor, *How We Get Free: Black Feminism and the Combahee River Collective* (Chicago: Haymarket Books, 2017), 5–6 (Hervorhebung von mir).

20 Terrell Jermaine Starr, »Barbara Smith, Who Helped Coin the Term ›Identity Politics‹, Endorses Bernie Sanders«, *The Root*, abgefragt 3. Februar 2020, https://www.theroot.com/barbara-smith-who-helped-coin-the-term-identity-politi-1841419291; Barbara Smith, »I Helped Coin the Term ›Identity Politics‹. I'm Endorsing Bernie Sanders«, *Guardian*, 10. Februar 2020, http://www.theguardian.com/commentisfree/2020/feb/10/identity-politics-bernie-sanders-endorsement.

21 Taylor, *How We Get Free*, 107–109.

ein Großteil der heutigen Formen von Identitätspolitik seien »sehr verschieden von dem, was wir damit beabsichtigten«.[22] Asad Haider drückt es in seinem Buch *Mistaken Identity* unverblümter aus und erkennt dort zwar die radikale Geschichte des Konzepts an, beschreibt Identitätspolitik aber dennoch als eine Ideologie, »die entwickelt wurde, um sich dieses emanzipatorische Erbe im Dienste der Interessen der politischen und wirtschaftlichen Eliten anzueignen«.[23] Ich würde hier beiden rechtgeben, stimme jedoch auch der politischen Theoretikerin Marie Moran und der Philosophin Lina Martin zu, die jede für sich überzeugend dargelegt haben, dass ideologische Erklärungen, die problematische politische Entwicklungen auf angeblich zentral zur Identitätspolitik gehörende Ideen zurückführen, die Sache nicht wirklich treffen. Diese Art von Kritik richtet sich oft gegen Ideen, die für identitätsbasierte Bewegungen nicht wesentlich sind oder die deren grundlegende Ziele vollkommen missverstehen.[24]

Der Gedanke der »Kaperung durch Eliten« kann dazu beitragen, diese beiden Pole miteinander zu versöhnen. Es stimmt ja, dass die jüngeren Entwicklungen in der Auslegung und Anwendung von Identitätspolitik weder zu einem Ende der Polizeimorde noch zu einer Leerung der Gefängnisse geführt haben. Anderseits hat die Identitätspolitik etlichen Menschen, Organisationen und Institutionen ein neues Vokabular zur Beschreibung ihrer Politik und Ästhetik gegeben – selbst wenn die Substanz der diskutierten politischen Entscheidungen für die Interessen der marginalisierten Menschen, deren Identitäten ins Feld geführt werden, irrelevant ist oder diesen Interessen sogar zuwiderläuft. Aber das ist das Merkmal einer spezifischen Anwendung von Identitätspolitik und nicht unbedingt dessen, was den Kern von Identitätspolitik ausmacht. Es ist diese »Kaperung durch Eliten« und nicht die Identitätspolitik selbst,

22 Starr, »Barbara Smith Endorses Bernie Sanders«.

23 Asad Haider, »Identity Politics«, Kapitel 1 in *Mistaken Identity: Race and Class in the Age of Trump* (Verso Books, 2018), 7–26.

24 Marie Moran, »(Un) Troubling Identity Politics: A Cultural Materialist Intervention«, *European Journal of Social Theory* 23, Nr. 2 (2020): 258–277; Linda Martín Alcoff, »The Political Critique«, Kapitel 2 in *Visible Identities: Race, Gender, and the Self* (Oxford University Press, 2005), 20–46.

die einer transformativen, nicht-sektiererischen, auf Bündnisse gerichteten Politik im Weg steht.

Das eigentliche Problem: die Kaperung durch Eliten

Das Konzept der Kaperung durch Eliten geht auf Studien über Länder des globalen Südens zurück, wo es dazu diente, zu beschreiben, wie die sozial Privilegierten dort oft die Kontrolle über Mittel – besonders aus der Auslandshilfe – übernehmen, die für andere gedacht sind. Aber das Konzept wurde auch allgemeiner verwendet, um darzulegen, wie politische Projekte ganz oder teilweise von Kräften unter Kontrolle gebracht werden können, die gut positioniert sind und über große Ressourcen verfügen. Und darüber hinaus hilft das Konzept auch zu erklären, wie öffentliche Ressourcen wie Wissen, Aufmerksamkeit und ethische Werte durch Machtstrukturen verzerrt und in den Dienst dieser Strukturen gestellt werden.

Dieser Prozess der Kaperung durch Eliten bildet den Hintergrund für viele Einwände, die gegen die Identitätspolitik erhoben werden, so zum Beispiel, dass sie eine unkritische Unterstützung politischer Figuren auf der Basis ihrer Identität fordere, ohne sich für die Politik dieser Personen zu interessieren, und sie beschäftige sich häufig mit sozialen Fragen, die »in Wirklichkeit nur für reiche Weiße von Belang« seien. So kritisierte der Journalist und Moderator Saagar Enjeti »den von der Identitätspolitik besessenen Elitenflügel der Demokratischen Partei« und kommentierte, »die Leute, die in unseren Nachrichtenredaktionen sitzen« und »die Mitglieder der Managerklasse stellen«, hätten »derzeit einen viel zu großen Einfluss auf unseren politischen Diskurs«.[25] Während Enjeti hier tatsächlich das Problem identifiziert hat, das eine durch das Prisma des Mainstream gesehene Identitätspolitik aufwirft, nämlich den überdimensionalen Einfluss gut positionierter Leute auf unseren politischen Diskurs, scheint er zu glauben, dass dies nur das spezielle Problem eines

25 Tess Bonn, »Saagar Enjeti Laments Use of Identity Politics in 2020 Democratic Race«, *The Hill*, 26. November 2019, https://thehill.com/hilltv/rising/472191-saagar-enjeti-laments-use-of-identity-politics-in-2020-democratic-race.

Flügels einer spezifischen politischen Partei sei. In Wirklichkeit ist die zugrundeliegende Dynamik so alt wie die Politik selbst und nicht auf eine spezielle Politik der sozialen Identität beschränkt.

Bei der Kaperung durch Eliten handelt es sich nicht um eine Verschwörung. Es geht hier um mehr als um zynische Aneignung, Opportunismus, oder die moralischen Qualitäten oder Defizite spezifischer Individuen oder Gruppen. Sie stellt eine Form systemischen Verhaltens dar – ein Phänomen, dass sich auf der Ebene ganzer Populationen abspielt, ein beobachtbares (vorhersehbares) Muster von Handlungen, an dem Individuen, Gruppen und Untergruppen beteiligt sind, von denen alle eine beliebige Zahl von ganz verschiedenen Zielen verfolgen können, die durch ihren jeweils eigenen, eng beschränkten Standpunkt definiert sind. Die Kaperung durch Eliten hängt auch nicht einfach von den Absichten dieser Eliten ab. Stattdessen bildet die konstante Dynamik der Interaktion von Individuen und Gruppen ein soziales System, und der Prozess der Kaperung erwächst aus dieser Dynamik.

Systeme und systemische Verhältnisse stellen ein weites und komplexes Feld dar, aber sie sind nicht abstrakt. Gesellschaftliche Systeme sind real: Sonst könnten wir ja nicht in ihnen leben. Von daher gesehen sind sie Gebilde, die wir beobachten und deren Verhalten wir oft vorhersehen können. Und genau das versuchen unsere Sozialwissenschaften ja, so gut sie können. Natürlich sind soziale Systeme äußerst kompliziert und vielleicht sogar noch komplexer als physische Systeme, die ja ihrerseits Bestandteile der sozialen Systeme sind und deren Komplexität noch einiges hinzufügen. Und da auch unser kollektives Denken über das System ein wichtiger Teil des Systems ist, das wir analysieren, verändert sich die von uns untersuchte Sache jedes Mal, wenn wir sie anders verstehen, und zwar gerade deshalb, *weil* wir sie anders verstehen.

Wenn also die Kaperung durch Eliten sich nicht auf die finsteren Pläne bösartiger Schurk*innen reduziert, ist sie dann auch immun gegen die besten Absichten derer, die sich ihnen widersetzen?

Tatsächlich sind wir vielleicht gar nicht fähig, die Kaperung durch Eliten gänzlich aus der Welt zu schaffen. Eine radikale Gleichheit in der Verteilung von Ressourcen und Macht ist das idealisierte Endergebnis der Tätigkeit der von uns unterstützten sozialen Bewegungen und nichts, was irgendwie schon fertig vorliegt und damit ihren Erfolg garantiert. Genauso, wie sich beim Zusammentreffen von Wasser und Metall, wenn Zeit und Ort dem günstig sind, Rost bildet, kommt es, wenn soziale Systeme auf bestimmte Bedingungen und den richtigen Zeitpunkt und Ort stoßen, auch zur Kaperung durch Eliten, ein Thema, das ich in Kapitel 3 behandle. Aber dieses Buch basiert auf der Überzeugung, dass dieses Phänomen leichter zu bekämpfen ist, wenn wir erkennen können, wann eine solche Kaperung stattfindet. Außer dieser Überzeugung motiviert mich aber noch etwas anderes, nämlich die Beobachtung, dass die jüngsten Trends der Identitätspolitik die Tendenz zur Kaperung durch Eliten offenbar nicht nur nicht beschränken, sondern sogar noch beschleunigen. Wie ich in Kapitel 3 darlege, gilt dies sogar für die »Politik der Rücksichtnahme«, eine Verhaltensmaßregel, die uns dazu auffordert, Aufmerksamkeit, Ressourcen und Initiative an diejenigen weiterzugeben, die als stärker marginalisiert wahrgenommen werden als wir selbst.

Meiner Ansicht nach sollten wir auf das Problem der Kaperung durch Eliten und den rassifizierten Kapitalismus, der diese Kaperung ermöglicht, nicht mit einer Politik der Rücksichtnahme, sondern mit einer konstruktiven Politik reagieren. Ein solch konstruktiver Ansatz konzentriert sich auf das Ergebnis und nicht auf den Prozess und auf das Verfolgen spezifischer Ziele oder Ergebnisse statt lediglich darauf, »Komplizenschaft« mit bestehendem Unrecht zu vermeiden oder rein moralische oder ästhetische Prinzipien zu propagieren. Ein konstruktiver Ansatz entspricht genau dem, was der politische Theoretiker Michael Dawson als »pragmatischen Utopismus« bezeichnet, »der dort beginnt, wo wir sind, und sich vorstellt, wo wir hin wollen«, und dabei Ziele, die nicht durch einen wie auch immer definierten heutigen gesunden Menschenverstand (Common Sense) beschränkt sind, mit einem »nüchternen politischen Realismus« kombiniert, der seinerseits fähig ist, die Strategien und Taktiken zu finden, die nötig sind, um den Common Sense und die ihm zugrunde liegende Welt zu verändern.[26]

26 Michael C. Dawson, *Blacks in and out of the Left* (Cambridge, MA: Harvard University Press, 2013), 194.

Was den Bereich von Wissen und Information betrifft, kümmert eine konstruktive Politik sich vor allem darum, Institutionen und kampagnenrelevante Praktiken der Informationsbeschaffung aufzubauen, statt spezifische Gruppen von Menschen oder deren Sprecher*innen ins Zentrum zu rücken. Sie konzentriert sich auf Verantwortlichkeit statt auf Konformität. Sie strebt direkt das Ziel der Umverteilung sozialer Ressourcen und sozialer Macht an statt Etappenziele wie Ehrendenkmäler oder symbolische Anerkennung. Sie fokussiert sich auf den Aufbau und Umbau von Räumen und nicht auf die Regelung der Verkehrsformen in und zwischen diesen Räumen. Sie ist das, was der Politikwissenschaftler Adom Getachew als Projekt der »Welterschaffung« bezeichnet, ein Projekt, das ebenfalls auf den Auf- und Umbau der realen Strukturen sozialer Beziehungen und Bewegungen statt auf die bloße Kritik der Strukturen abzielt, die wir heute haben.[27]

Dieses Buch ist für Leser*innen gedacht, die andere Resultate sehen wollen – Menschen, die ein anderes und besseres globales System als das durchsetzen wollen, das wir derzeit haben. Es ist kein Leitfaden zu der Frage, wie das zu machen ist. Es möchte vielmehr all jenen helfen, die die harte Arbeit leisten, die Welt zu verändern, bestimmte Trends und Fallstricke zu erkennen, die ihre Organisationstätigkeit gefährden, um es ihnen so zu erleichtern, auf ihre jeweiligen Kontexte strategischer zu reagieren. Zu diesem Zweck möchte ich hier, so gut ich kann, meine eigene Sicht des Problems der Kaperung durch Eliten erklären und darlegen, wie eine konstruktive Politik zur Lösung dieses Problems aussehen könnte. Wir können kollektiv erarbeiten, wie es von dort aus weitergeht.

In den folgenden Kapiteln möchte ich einige Antworten auf die Frage geben, warum die Kaperung durch Eliten wichtig ist und was wir in dieser Hinsicht tun sollten. Kapitel 1 gibt eine detailliertere Antwort auf die Frage »Was ist Kaperung durch Eliten?« Kapitel 2 schließt an diese Ausführungen an und nutzt sie, um etwas genauer zu identifizieren, wo und warum es in unseren sozialen Verhältnissen zur Kaperung durch Eliten kommt. Dieser Hintergrund sollte uns in Kapitel 3 befähigen,

---

27 Adom Getachew, *Worldmaking after Empire: The Rise and Fall of Self-Determination* (Princeton, NJ: Princeton University Press, 2019).

besser zu verstehen, warum eine Politik der Rücksichtnahme – eine Kultur, die sich rund um die Identitätspolitik aufbaut – die Kaperung der Identitätspolitik durch Eliten befördert. Ich lege in Kapitel 4 einige Gedanken zu dem alternativen Ansatz dar, den ich als »konstruktive Politik« bezeichne. Kapitel 5 gibt dann ein Fazit des gesamten Buches.

Eine erste Version dieses einführenden Essays erschien unter dem Titel »Identitätspolitik und ihre Kaperung durch die Elite« (»Identity Politics and Elite Capture«) in *Boston Review*, 7. Mai 2020. Siehe https://bostonreview.net/articles/olufemi-o-taiwo-identity-politics-and-elite-capture/.

EINS

Was ist Kaperung durch Eliten?

1957 veröffentlichte E. Franklin Frazier ein soziologisches Werk, das große Kontroversen auslöste: *Black Bourgeoisie*. Es war aus mehreren Gründen bedeutend, lieferte aber auch eine bahnbrechende Analyse der Kaperung durch Eliten und kann uns daher helfen, uns über das grundlegende Phänomen klarzuwerden.

Edward Franklin Frazier wurde 1894 als Sohn von James und Mary Clark Frazier in Baltimore, Maryland geboren. Sein Vater James hatte sich, ohne je auf eine Schule zu gehen, selbst Lesen und Schreiben beigebracht, aber dieses hart erarbeitete Kennzeichen von Achtbarkeit ersparte ihm nicht die Erniedrigungen, die ein Arbeitsleben als Schwarzer Mann in einer rassistischen Gesellschaft mit sich brachte. Dennoch war es James wichtig, seinen Kindern den großen Wert von Bildung zu vermitteln. Edward nahm sich dies während seiner Schulzeit in Baltimore offenbar zu Herzen und war einer der besten Absolventen seiner Highschool-Klasse. Für seine harte Arbeit wurde er mit einem Stipendium an der Howard University belohnt.[1]

Nachdem er dort mit Auszeichnung seinen Abschluss gemacht hatte, wendete Frazier sich, ohne dabei seine Studien zu unterbrechen, der Lehrtätigkeit zu. Er wurde Dozent am Tuskegee Institute in Alabama und später Direktor für Soziale Arbeit an der Atlanta School of Social Work.

1 Tony Platt, »E. Franklin Frazier Reconsidered«, *Social Justice* 16, Nr. 4 (1989): 186–195; Malik Simba, »E. Franklin Frazier (1894–1962)«, *Black Past*, 19. Januar 2007, https://www.blackpast.org/african-american-history/frazier-e-franklin-1894-1962/; Arthur P. Davis, »E. Franklin Frazier (1894–1962): A Profile«, *Journal of Negro Education* 31, Nr. 4 (1962): 429–435.

Dort entwickelte damals eine Gruppe Schwarzer Gelehrter wie W.E.B. Du Bois die Anfänge der amerikanischen Soziologie und besonders der Schwarzen Soziologie. Während ihre Forschungen wahrscheinlich sein späteres Denken beeinflussten, war Frazier nur eine begrenzte Zeit dort, da er 1927 entlassen wurde. Danach siedelten er und seine Frau Marie nach Chicago über, wo er an der Fisk University unterrichtete und gleichzeitig im Fach Soziologie promovierte. 1943 wurde er an die Howard University in Washington DC berufen, wo er bis zu seinem Tod blieb.[2]

Frazier war ungewöhnlich erfolgreich, besonders für einen Schwarzen Akademiker seiner Zeit. Das lag sicher nicht daran, dass er keine Risiken einging. Seine Ansichten zur Schwarzen Familie lösten historische Debatten mit dem Soziologen Melville Herskovits aus und haben die Forschung und die Politik auch Jahrzehnte später noch geprägt.[3] Grund für seine Entlassung in Atlanta war sein Artikel »The Pathology of Race Prejudice«, mit dem er ein Tabu brach: Er analysierte die weißen Südstaatler*innen mit demselben anthropologischen Blick, der sonst so oft auf »andere« Gruppen gerichtet wird. Fraziers offen geäußerte Meinung, der Rassismus der Weißen im Süden gegenüber Schwarzen sei eine Form von Geisteskrankheit, trug wahrscheinlich nicht gerade zur Glättung der Wogen bei. Über seinen Artikel wurde in der Lokalzeitung *Atlantic Constitution* berichtet und die Fraziers erhielten bald eine Serie von Todesdrohungen.[4] Hier war die gute alte »cancel culture« am Werk.

---

2 Tony Platt und Susan Chandler, »Constant Struggle: E. Franklin Frazier and Black Social Work in the 1920s«, *Social Work* 33, Nr. 4 (1988): 293–297.

3 Fraziers 1939 erschienenes Buch *The Negro Family in the United States* war eine viel gelobte soziologische Darstellung des Lebens der amerikanischen Schwarzen. Siehe Randal Maurice Jelks und Ayesha K. Hardison, »Black Love after E. Franklin Frazier: An Introduction«, *Women, Gender, and Families of Color* 7, Nr. 2 (2019): 108–112.

4 Lori Martin, »Africana Demography: Lessons from Founders E. Franklin Frazier, WEB Du Bois, and the Atlanta School of Sociology«, *Issues in Race and Society* 8 (2019): 5–28; Earl Wright und Thomas C. Calhoun, »Jim Crow Sociology: Toward an Understanding of the Origin and Principles of Black Sociology via the Atlanta Sociological Laboratory«, *Sociological Focus* 39, Nr. 1 (2006): 1–18.

Die Kontroverse, für die Frazier am bekanntesten ist, begann jedoch erst dreißig Jahre später mit der Veröffentlichung seiner soziologischen Studie zur Schwarzen Mittelschicht in den USA, *Black Bourgeoisie*, im Jahr 1957. In diesem Buch vertrat Frazier die Auffassung, bei der Schwarzen Mittelklasse handele es sich um eine ihrer selbst unsichere, machtlose Gruppe, die sich ununterbrochen eine Welt des »schönen Scheins« aufbaue, um mit einem »Minderwertigkeitskomplex« fertigzuwerden, der auf die brutale Geschichte der rassistischen Herrschaft in den Vereinigten Staaten zurückging. Das Buch war von Anfang an umstritten. In seinem Vorwort zur Ausgabe von 1962 berichtet Frazier, dass er nach Erscheinen der ersten Ausgabe sowohl Beifall für seinen Mut erhielt als auch mit Gewalt bedroht wurde.

Etwa zur selben Zeit als Frazier die Schwarze Bourgeoisie der USA analysierte, publizierte Franz Fanon grundlegende Werke der politischen Philosophie, in denen er die afrikanischen Mittelklassen von Mitte des 20. Jahrhunderts diskutierte. Dabei wiesen die Ansätze beider Autoren bemerkenswerte Ähnlichkeiten auf. Fanons Analysen entstanden während der Welle nationaler Unabhängigkeitsbewegungen in Asien und Afrika nach dem Zweiten Weltkrieg, das heißt, zu einer Zeit neuer Möglichkeiten und politischer Fragen. Die afrikanischen Mittelklassen, über die Fanon schrieb, waren gerade dabei, zur nationalen Herrschaftselite der postkolonialen Gesellschaften aufzusteigen. Er beschrieb diese Bourgeoisie als eine »unterentwickelte Mittelschicht«, die »nicht auf Produktion, Erfindung, Aufbau und Arbeit ausgerichtet« und daher »ausschließlich an Vermittlungstätigkeiten interessiert« sei. »Ins Geschäft einzusteigen, auf dem Laufenden zu bleiben« erscheine »ihr als ihre eigentliche Berufung.«[5]

Es waren zum Teil diese Defizite der postkolonialen herrschenden Klassen, die Fanon befürchten ließen, dass sie die Energie des antiimperialistischen Kampfes kapern, verwässern und am Ende untergraben würde.[6] »Das nationale Bewusstsein«, prophezeite er, »wird, statt der

5 Frantz Fanon, *Die Verdammten dieser Erde* (1961), übersetzt von Traugott König (Reinbek: Rowohlt, 1969), 115–116.

6 Ebd., 115.

koordinierten Kristallisation der innersten Bestrebungen des gesamten Volkes, statt des unmittelbaren und handgreiflichsten Produkts der Volksmobilisierung, in jedem Fall nur eine zerbrechliche, grobe Form ohne Inhalt sein.«[7]

Und die Prophezeiung schien sich zu bewahrheiten. Die nationalen Unabhängigkeitsbewegungen beseitigten zwar die formale Kolonialherrschaft, waren aber dann sofort mit dem Neokolonialismus konfrontiert, einem System, das dazu führte, dass die neue herrschende Elite dieser jungen Nationen entweder durch die Unternehmen und Regierungen der früheren Kolonialmächte scharf in ihrem Handlungsspielraum beschränkt waren oder aktiv mit ihnen kollaborierten.[8] Georges Nzongola-Ntalaja, Gelehrter für Afrikanische Studien, fasste dies nach dem Ende der Welle von Unabhängigkeitsbewegungen in einem Kommentar Anfang der 1980er Jahre wie folgt zusammen:

> »Die Massen hatten gehofft, die Unabhängigkeit würde ihnen eine Verbesserung ihrer Lebensbedingungen bringen, und genau das hatten ihre Führer*innen ihnen ja auch versprochen. Aber dieses Versprechen wurde nach der Unabhängigkeit aus vielerlei Gründen nicht eingelöst, und einer dieser Gründe war die Tatsache, dass der antikoloniale Kampf die Interessenskonflikte zwischen der Kleinbourgeoisie und der breiten Bevölkerung nur verdeckt hatte. Nach der Unabhängigkeit, als die neuen Herrscher*innen auf die Forderungen des Volkes statt mit der Erfüllung ihrer Versprechungen entweder mit weiteren Versprechen oder mit Repression reagierten, traten diese Konflikte klar zutage.«[9]

Warum gelang es der Schwarzen (um den Ausdruck Frazers zu verwenden) »Lumpenbourgeoisie« in den USA und den neu aufstrebenden herrschenden Klassen Afrikas in nur so geringem Maß, die Systeme ihrer Länder für Schwarze Menschen als Gruppe zu verbessern? Sowohl

7 Fanon, »Missgeschicke des nationalen Bewusstseins«, Kapitel 3 von *Die Verdammten dieser Erde*, 115–157, hier 115.

8 Kwame Nkrumah, *Neo-Colonialism: The Last Stage of Imperialism* (New York: International Publishers, 1966).

9 Bernard Magubane und Nzongola-Ntalaja, *Proletarianization and Class Struggle in Africa* (San Francisco: Synthesis Publications, n. J.), 57.

Frazier als auch Fanon schrieben dies dem geistigen und politischen Unvermögen dieser neuen Machthaber*innen zu.

Fanon sprach von dem verbreiten Glauben der afrikanischen Mittelklasse, sie könne »die Bourgeoisie des Mutterlandes vorteilhaft ersetzen«, einem Glauben, den er als »Ergebnis der Trägheit« und des »voluntaristischen Narzissmus« dieser Bourgeoisie ansah.[10] Frazier übte eine ähnlich schonungslose Kritik und einige seiner unbarmherzigsten Bemerkungen richteten sich gegen die Schwarze Presse, »das Hauptmedium der Kommunikation, das die Scheinwelt der Schwarzen Bourgeoisie erzeugt und aufrechterhält«. Während er die Beiträge von Schwarzen Publikationen wie dem *Chicago Defender* und früherer abolitionistischer Blätter wie Frederick Douglass' Zeitung *Paper* lobte und anerkannte, bestand Frazier zugleich darauf, bei der Forderung der Schwarzen Presse »nach Gleichheit für den Schwarzen im amerikanischen Leben« gehe es »in erster Linie um die Schaffung von Möglichkeiten, die der Schwarzen Bourgeoisie wirtschaftlich nützen und den sozialen Status des Schwarzen verbessern«. Laut Frazier führte die Tatsache, dass die wichtigen Schwarzen Medien von einer Elite kontrolliert wurden, dazu, dass lediglich die Interessen dieser spezifischen Gruppe gefördert wurden, ohne viel zum Wohlergehen der größeren Gruppe beizutragen. Als Beispiel führte Frazier an, dass die Schwarzen Zeitungen die Wahl eines Schwarzen Arztes zum Präsidenten einer Ortsgruppe der American Medical Association (AMA) feierten, obwohl dieser Arzt sich gegen ein nationales Gesundheitsprogramm ausgesprochen hatte und auch die AMA selbst gegen eine »sozialisierte Medizin« war.[11] Gute alte Respektabilitätspolitik in Aktion.

Eines der zentralen Argumente von *Black Bourgeoisie* betrifft die politische Strategie des »racial uplift«, das heißt, der Förderung der Schwarzen, die damals schon einige Generationen zurückreichte: das Projekt des Aufbaus einer separaten Schwarzen Wirtschaft in den USA. Booker T. Washingtons National Negro Business League (NNBL), deren erste Versammlung im Jahr 1900 in Boston, Massachusetts, statt-

10 Fanon, *Die Verdammten dieser Erde*, Kapitel 3, 115–157, hier 116.

11 E. Franklin Frazier, *Black Bourgeoisie* (New York: Free Press, 1997), 104.

fand, war die klassische Verkörperung dieser Strategie, die damals unter dem Jubel und der Begeisterung vieler Schwarzer Geschäftsleute aus der Taufe gehoben wurde. Doch Fraziers Meinung nach ging Washingtons Ansatz in die Irre, weil er auf einer falschen Analyse der damaligen wirtschaftlichen Lage der Afroamerikaner*innen basierte. Sämtliche 115 Teilnehmer*innen der ersten Konferenz der NNBL zusammengenommen besaßen nicht einmal eine Million Dollar. Als Frazier fast sechs Jahrzehnte später sein Buch veröffentliche, reichte das Kapital sämtlicher elf von Schwarzen betriebener Banken der USA nicht einmal an das Kapital einer Durchschnittsbank in einer weißen Kleinstadt heran. Frazier zog daraus den Schluss, eine afroamerikanische Wirtschaft sei von Anfang an illusorisch gewesen.[12]

Frazier war der Meinung, der Versuch, eine nationale Schwarze Wirtschaft aufzubauen, sei nicht nur rechnerisch zum Scheitern verurteilt, sondern auch politisch naiv. Eine solche Wirtschaft konnte nur im Umfeld der bestehenden politischen Realität entstehen, was sie für Einflüsse von außen verwundbar machen würde – aber genau das sollte sie ja gerade verhindern! Selbst wenn es gelänge, die Menschen davon zu überzeugen, »bei Schwarzen einzukaufen«, wäre damit laut Frazier noch lange keine Schwarze Wirtschaft geschaffen, solange sie dies mit Dollars tun, die sie mit ihrer Arbeit in einer Ford-Fabrik verdient haben.

Warum hielt sich dann der Mythos einer Schwarzen Wirtschaft als *die* Antwort auf anti-Schwarzen Rassismus immer noch, obwohl prominente Schwarze Geschäftsleute doch längst hätten sehen müssen, dass dies nie eine realistische Möglichkeit war? Frazier zufolge verdankte dieser Mythos seine Langlebigkeit den besonderen Klasseninteressen der kleinen, aber einflussreichen Schwarzen Bourgeoisie, die hinter dieser Idee stand. Dabei handelte es sich zum Teil um Unternehmer*innen, die hofften, so ein Monopol auf dem afroamerikanischen Markt zu erringen. Andere waren angestellte Fachkräfte, die Mitte des 20. Jahrhunderts bei Weitem den größten Anteil der Schwarzen Mittelklasse stellten und hofften, basierend auf ihrem vermeintlichen Wissen über das ungenutzte

12 Frazier, »Negro Business: A Social Myth«, Kapitel 7 in *Black Bourgeoisie*, 153–173.

Potential Schwarzer Kaufkraft in der Wirtschaft des Kalten Krieges in weißen Marketingfirmen aufsteigen zu können.

Frazier zufolge zeigte die Schwarze Bourgeoisie weder in Gestalt der Schwarzen Presse noch in der einer Schwarzen Unternehmerschaft ein »Interesse an der ›Befreiung‹ der Schwarzen« – es sei denn, wenn dies »ihrem eigenen Status oder ihrer Akzeptanz in der weißen Gesellschaft diente«.[13] Wann immer sich die geringste Möglichkeit bot, habe »die Schwarze Bourgeoisie die Massen der Schwarzen genauso rücksichtslos ausgebeutet wie die Weißen«.[14] Auch wenn Frazier hier sicher etwas übertreibt, liefert sein Buch ebenso wie das Werk Fanons eine prägnante, bis heute wertvolle Beschreibung der Kaperung durch Eliten.

Heute sind wir zeitlich etwa genauso weit von Fraziers *Black Bourgeoisie* und Fanons *Schwarze Haut, weiße Masken* entfernt, wie Frazier und Fanon es damals von Booker T. Washingtons National Negro Business League waren. Aber es hat sich wenig geändert. In seiner gründlichen Analyse des derzeitigen Standes dieser Art von Politik skizziert der Kommunikationswissenschaftler Jared A. Ball eine Reihe politischer Strukturen, die starke Ähnlichkeiten mit dem aufweisen, was Frazier bereits vor mehr als einem halben Jahrhundert beschrieben hat. Es gab allerdings einige Wendungen: Laut Ball fokussiert sich die neueste Version des Mythos von der Schwarzen Wirtschaft als Weg in die Freiheit eng auf die ökonomische Macht der Afroamerikaner*innen als Konsument*innen statt auf die als Banker*innen und Produzent*innen. Dem Mythos zufolge besitzen Schwarze Amerikaner*innen als Konsument*innen eine Kaufkraft von mehr als einer Billion Dollar, die sie nutzen könnten, um sich zu Macht und Freiheit zu verhelfen, aber stattdessen auf Mode und sonstigen nutzlosen Konsum vergeuden. Dieses Konzept der »Macht durch Kaufkraft« wurde laut Ball vom Staat und den wirtschaftlichen Eliten in den USA entwickelt und wird in stillschweigender Partnerschaft mit Schwarzen Geschäftsleuten und Medieneliten aufrechterhalten – alles in allem denselben Kräften, die Frazier als Schwarze »Lum-

13 Frazier, *Black Bourgeoisie*, 235.

14 Frazier, *Black Bourgeoisie*, 236.

penbourgeoisie« bezeichnete.[15] Ball fügt noch hinzu, die Variante des Mythos, die auf die »Kaufkraft« der Schwarzen verweist, diene ferner dazu, die Schuld an der Misere dem »fehlenden finanziellen Sinn« der Schwarzen Armen zu geben statt den sozialen und ökonomischen Bedingungen, die für die Ausbeutung, Unterdrückung und Marginalisierung so vieler Menschen verantwortlich sind.[16]

Balls Analyse wiederholt letztlich die Analyse Fraziers: Für beide ist die »Bewegung für eine Schwarze Wirtschaft« sowohl ein Mythos als auch eine materielle Realität. Dabei ist die Möglichkeit einer isolierten Schwarzen Wirtschaft der Mythos, während die direkten Interessen einiger gut positionierter Schwarzer Menschen das reale Motiv der Bewegung sind. Und sowohl Frazier als auch Ball sind der Meinung, dass hier das Problem – die Institutionen und Muster des Status quo – als die Lösung ausgegeben wird.

Wer beherrscht die Welt? Eliten

Und in Bezug auf dieses Problem, das sich selbst als Lösung präsentiert, liegen Frazier und Ball in einer entscheidenden Frage richtig, in der Kritiker*innen der »Identitätspolitik« – oder von »Wokeness«, »Cancel Culture« und vielen anderen kontroversen Begriffen und Praktiken – oft falsch liegen. Diese Kritiker*innen und Gegner*innen behaupten, diese politischen Bewegungen spiegelten lediglich die sozialen Obsessionen »reicher Weißer« oder der »Klasse der Fachleute und Manager« wider. Und damit haben sie ja nicht ganz unrecht. Aber zugleich ist genau das etwas, was Identitätspolitik, Wokeness und Ähnliches mit *allem anderen* in unserem Leben gemeinsam haben, nämlich der immer stärkeren Dominanz der Interessen der Eliten und der Kontrolle, die sie über viele Aspekte unseres sozialen Systems ausüben. Das liegt daran, dass in unserer sozialen Welt tendenziell fast alles der Kaperung durch

15 Jared A. Ball, *The Myth and Propaganda of Black Buying Power* (New York: Springer, 2020).

16 Ball, »Introduction«, in *Black Buying Power*, 1–10.

Eliten zum Opfer fällt. Das Problem ist also nicht nur, dass Wokeness zu weiß ist, sondern vor allem, dass *alles* zu weiß ist.

Es stimmt zwar, dass Weißsein und Zugehörigkeit zu einer Elite zwei sehr verschiedene Dinge sind. Aber für unsere Zwecke können sie mehr oder weniger in eins gesetzt werden, weil sie in den letzten Jahrhunderten in vielen Teilen der Welt tatsächlich Hand in Hand gingen, mit Konsequenzen, die alles um uns herum geprägt haben.

Dieses Buch betrachtet in erster Linie das Elitärsein als solches – und es gibt keine klare Regel, die festlegen würde, welche Art von Person zu einer Elite gehören kann. Manchmal gehört jemand zu einer Elite, weil andere beschlossen haben (oder dazu gezwungen wurden), einen Aspekt der sozialen Identität dieser Person auf die entsprechende Art zu bewerten. Manchmal ist dies wegen eines eher zufälligen Vorteils wie Bildungsgrad, Vermögen oder sozialem Prestige der Fall. Manchmal gehört jemand dazu, weil er oder sie zufällig die einzige Person aus einer bestimmten Gruppe ist, die sich in einem bestimmten Raum befindet. Laut der Politikwissenschaftlerin Jo Freeman »bezeichnet ›Elite‹ eine kleine Gruppe von Menschen, die Macht über eine größere Gruppe hat, zu der sie gehört und die dieser Gruppe gegenüber meist nicht direkt verantwortlich ist und ihre Macht oft ohne deren Wissen oder Zustimmung ausübt.«[17] Hier fällt auf, dass Freeman den Status einer »Elite« nicht als stabile Identität behandelt – es handelt sich um ein Verhältnis, das in einem bestimmten Kontext zwischen einer kleinen und einer größeren Gruppe von Menschen besteht.

Zur Kaperung durch Eliten kommt es, wenn die privilegierten Wenigen Ressourcen und Institutionen, die den Vielen nutzen könnten, in den Dienst ihrer eigenen beschränkten Interessen und Ziele stellen. In der Wirtschafts- und Politikwissenschaft und verwandten Disziplinen wird der Ausdruck zur Beschreibung der Mechanismen verwendet, mit denen sozial privilegierte Menschen sich die Kontrolle über einen Großteil von Gütern und Leistungen aneignen, die eigentlich allen dienen

17 Jo Freeman, »The Tyranny of Stucturelessness«, Jo Freeman, offizielle Website, https://www.jofreeman.com/joreen/tyranny.htm.

sollten.[18] In diesem Kontext wird der Begriff oft weitgehend im gleichen Sinn wie das vertrautere Wort »Korruption« benutzt und durch ähnliche Symptome unzulässiger Einflussnahme wie etwa Bestechung identifiziert.[19] Aber er ist auch verwendet worden, um die – prinzipielle oder praktische – Vereinnahmung politischer Projekte ganz allgemein durch Kräfte zu beschreiben, die besser positioniert sind und über größere Ressourcen verfügen.

Der indischen Ökonomin Diya Dutta zufolge bezeichnet der Terminus im Wesentlichen »einen Zustand, in dem ein ungleicher Zugangs zu Macht besteht – einige haben dabei durch Herkunft oder Kaste oder Vermögen oder Geschlecht oder sonst einen Grund größeren Zugang zu Macht und darum auch bessere Möglichkeiten, die Verteilung von Mitteln und Ressourcen zu ihren Gunsten zu beeinflussen«.[20] Öffentliche Güter und Ressourcen wie Wissen, Aufmerksamkeit und Werte sind sind ungerecht verteilt, und dasselbe gilt natürlich für einen Großteil des materiellen Vermögens und der politischen Macht. Oder genauer gesagt: Das Muster der Verteilung ist in all diesen Fällen auf ähnliche Weise und aus ähnlichen Gründen verzerrt. Die Kaperung durch Eliten ist symptomatisch für soziale Systeme mit ungleichen Machtverhältnissen.

Spielt Demokratie eine Rolle?

Wenn die liberale politische Theorie eine zutreffende Sicht auf die Welt liefern würde (was sie nicht tut), könnte man zu dem Schluss kommen, dass die Machtverhältnisse in vielen Bereichen der Welt bereits

18 Für Beispiele siehe Monica Martinez-Bravo, Priya Mukherjee und Andreas Stegmann, »The Non-democratic Roots of Elite Capture: Evidence from Soeharto Mayors in Indonesia«, *Econometrica* 85, Nr. 6 (2017): 1991–2010; Pranab K. Bardhan und Dilip Mookherjee, »Capture and Governance at Local and National Levels«, *American Economic Review* 90, Nr. 2 (2000): 135–139; Daron Acemoglu und James A. Robinson, »Persistence of Power, Elites, and Institutions«, *American Economic Review* 98, Nr. 1 (2008): 267–293.

19 Diya Dutta, »Elite Capture and Corruption: Concepts and Definitions«, *National Council of Applied Economic Research*, 2009, 4.

20 Dutta, »Elite Capture and Corruption«, 5.

in Ordnung sind. Schließlich heften sich viele Länder der Welt selbst das Etikett der Demokratie an, und das demokratische System ist ja angeblich vor allem durch eine gesunde Machtbalance gekennzeichnet. In Demokratien werden die Eliten des Systems (die Politiker*innen) zumindest dem Anschein nach von den Nicht-Eliten (den Bürger*innen) in ihre Ämter berufen und können von ihnen entfernt und ersetzt werden, wenn sie sich nicht für das öffentliche Wohl einsetzen. Ähnlich wie beim Mythos des Marktes verfügt die mythische liberale Demokratie definitionsgemäß über eingebaute Mechanismen der Selbstkorrektur und damit der Selbstrechtfertigung. Diese Form der Konversation über Macht und die Tätigkeit des Staates war immer integraler Bestandteil des Framings, in dem »Freiheit« und »Kapitalismus« in den Idealen und Praktiken der liberalen Demokratie eng miteinander verbunden sind: Die Freiheit eines Landes muss lediglich in der Wahlkabine vorhanden sein, aber nicht unbedingt am Arbeitsplatz.[21] Wer an die liberale Demokratie glaubt, wird daher auch der Meinung anhängen, die überall vorzufindende ungleiche Verteilung der Macht könne, durch die Einführung von Arrangements wie die »regelbasierte internationale Ordnung«, »demokratische Wahlen« und eine »formale politische Vertretung« behoben werden. Wenn die richtigen Ideale erst einmal in den richtigen formalen Systemen verkörpert sind, sind die Ergebnisse dieses Systems damit gerechtfertigt.

Dazu muss gesagt werden, dass formale Regelungen *tatsächlich* wichtig sind. Ausdrücke wie »formale politische Vertretung« haben eine echte Bedeutung, da Systeme mit weniger formaler politischer Vertretung *tendenziell* tatsächlich anders funktionieren als solche mit einer stärkeren Repräsentation. Aber zugleich werden Formeln wie diese häufig auf eine weitgehend sinnentleerte Weise verwendet. Wenn wir unsere Hoffnung auf die Ideale demokratischer Verantwortlichkeit setzen wollen, sollten wir uns erst einmal darüber klarwerden, wie weit wir noch von einer Durchsetzung auch nur dieses geringen Maßes an Kontrolle über unser Leben entfernt sind. Nach

21 Wendy Brown, »Neo-Liberalism and the End of Liberal Democracy«, *Theory and Event* 7, Nr. 1 (2003); Tyler Stovall, *White Freedom: The Racial History of an Idea* (Princeton, NJ: Princeton University Press, 2021).

all den Jahrzehnten liberaler demokratischer Rhetorik basieren die tatsächlichen Entscheidungsstrukturen selten auf einer echten demokratischen Rechenschaftspflicht.

Die Kaperung durch Eliten wird in der Regel anhand nationaler Beispiele diskutiert. In ihrem Buch *From #BlackLivesMatter to Black Liberation* führt die Princeton-Professorin Keeanga-Yamahtta Taylor das interessante Beispiel des Anti–Drug Abuse Act von 1986 an, den der Congressional Black Caucus gemeinsam mit der Reagan-Regierung einbrachte. Dieses Gesetz führte zu einer rasanten Beschleunigung der Masseninhaftierung, indem es verpflichtende Mindeststrafen einführte und 1,7 Milliarden Dollar für den Antidrogenkrieg bereitstellte, während gleichzeitig Sozialprogramme gekürzt wurden.[22] Es löste sowohl für die Reagan-Leute als auch für den Black Congressional Caucus ein Problem, indem es den Anschein eines wirkungsvollen Vorgehens gegen die immer mehr ausufernde Crack-Epidemie erweckte. Tatsächlich hatte es zur Folge, dass die afroamerikanische Unterschicht sich nun statt mit nur einem – sehr komplexen – Problem gleich mit zweien auseinandersetzen musste, die jetzt untrennbar miteinander verbunden waren, nämlich erstens der Drogenepidemie selbst, an der diese drakonischen Maßnahmen nichts änderten, und zweitens der Eskalation einer diskriminierenden Strafverfolgung, die auf dieses Gesetz folgte. Letzteres veranlasste den Demokratischen Senator Daniel Patrick Moynihan zu einer bemerkenswerten Einschätzung »Wenn wir die Zunahme von Verbrechen einfach auf Crack zurückführen, sind unsere Politiker fein heraus. Vergessen sind dann die gescheiterten Schulen, die schädlichen Sozialprogramme, die zerfallenden Wohnviertel, die vergeudeten Jahre, denn jetzt ist ja Crack an allem schuld. Man könnte fast glauben, wenn es Crack nicht gäbe, hätte bestimmt irgendwo irgendwer einen Bundeszuschuss erhalten, um es zu erfinden.«[23]

---

22 Keeanga-Yamahtta Taylor, *From#BlackLivesMatter to Black Liberation* (Münster: Unrast Verlag, 2017), 143.

23 Zitiert in David Farber, *Crack: Rock Cocaine, Street Capitalism, and the Decade of Greed* (Cambridge, UK: Cambridge University Press, 2019), 144.

Es wird oft behauptet, die US-Behörden seien direkt für die Crack-Epidemie verantwortlich.[24] Allerdings ist es gar nicht besonders wichtig, ob es eine aktive Verschwörung gab, denn für das Ergebnis genügte auch eine Kombination von Faulheit, kaltschnäuziger Gleichgültigkeit und Opportunismus: Die Eliten, die die Kontrolle über die Finanzierung und Durchführung von Gesetzen ausüben, sahen, was ihren Interessen diente, und handelten dann danach; von den vorhersehbaren negativen Auswirkungen auf jene, deren Vertreter*innen sie angeblich sind, ließen sie sich davon keineswegs abhalten.

Und dann ist da das Kapital. In den 1950er und 1960er Jahren kam es (insbesondere in den Vereinigten Staaten, die sich komfortabel an der Spitze der globalen Nachkriegswirtschaft befanden) zu wichtigen Neuerungen im Unternehmensmanagement wie fremdfinanzierte Übernahmen, Firmenzerschlagungen, Zusammenschlüsse, das Abstoßen »peripherer Geschäftsbereiche« und andere Formen der Unternehmensreorganisation durch profithungrige Aktionär*innen.[25] Dieser Trend beschleunigte sich in den 1980er Jahren und brachte das hervor, was Forscher*innen als die »Shareholder-Revolution« bezeichnen, eine Vielzahl von Managementtechniken, die den bisher eher gemächlichen Trott der Unternehmensmanager*innen der strikten Disziplin aktivistischer Anteilseigner*innen unterstellten.[26] Diese zweite Phase

24 Ryan Devereaux, »How the CIA Watched Over the Destruction of Gary Webb«, *The Intercept*, 25. September 2014, https://theintercept.com/2014/09/25/managing-nightmare-cia-media-destruction-gary-webb/.

25 Neil Fligstein and Linda Markowitz, »Financial Reorganization of American Corporations in the 1980s«, *Sociology and the Public Agenda*, 1993, 185–206; Neil Fligstein und Taek-Jin Shin, »The Shareholder Value Society: A Review of the Changes in Working Conditions and Inequality in the United States, 1976 to 2000«, *Social Inequality*, 2004, 401–432; Samuel Knafo und Sa-hil Jai Dutta, »The Myth of the Shareholder Revolution and the Financialization of the Firm«, *Review of International Political Economy* 27, Nr. 3 (2020): 476–499; Peter Nolan, Jin Zhang und Chunhang Liu, »The Global Business Revolution, the Cascade Effect, and the Challenge for Firms from Developing Countries«, *Cambridge Journal of Economics* 32, Nr. 1 (2008): 42–43.

26 Doug Henwood, »Take Me to Your Leader: The Rot of the American Ruling Class«, *Jacobin*, 27. April 2021, https://jacobinmag.com/2021/04/take-me-to-your-leader-the-rot-of-the-american-ruling-class.

des Umbruchs traf mit einer noch breiteren »globalen Unternehmensrevolution« zusammen und trug selbst zu dieser bei: einem »raschen globalen Konzentrationsprozess in etlichen Wirtschaftszweigen, die Güter und Dienstleistungen für Systemintegratoren produzieren« – bei Letzteren handelt es sich um die Handvoll großer Firmen, die die globale Produktion um ihr »Kern«-Geschäft und ihre Kernguthaben herum reorganisieren können.[27]

Die Eliten an der Spitze dieser »systemintegrierenden« Megaunternehmen haben seitdem nicht aufgehört, die weltweite Produktion um das eine Ziel des Shareholder-Values herum zu reorganisieren. Tatsächlich reorganisieren sie überhaupt alles. Die Großunternehmen haben längst ihr eigenes Schattengerichtssystem mit sogenannten »Schiedsgerichten« aufgebaut, mit denen ganze Branchen auch nur dem Anschein einer normalen gerichtlichen Überprüfung entzogen werden.[28] Die öffentlichen Dienstleistungen überall auf der Welt, besonders aber im Globalen Süden, wurden durch sogenannte »öffentlich-private Partnerschaften« finanziert, »langfristige vertragliche Arrangements, bei denen die Exponenten des privaten Sektors sich zur Finanzierung und Bereitstellung öffentlicher Dienstleistungen verpflichten, [...] solange der Staat die Risiken mit ihnen teilt«. Die Ökonom*innen Ndongo Samba Sylla und Daniela Gabor weisen darauf hin, dass dies auf eine für den rassifizierten Kapitalismus typische Weise geschieht: Dabei wird die finanzielle Sicherheit für die Aktionär*innen mit der materiellen und finanziellen Prekarität der Menschen in Ländern wie Senegal und der Elfenbeinküste erkauft, die nun für die Nutzung einer privat finanzierten Infrastruktur

27 Knafo und Dutta argumentieren ebenso wie eine frühere Analyse von Fligstein und im Gegensatz zu einem Großteil des Rests der Literatur, dass die Shareholder-Revolution der 1980-er Jahre nur eine Phase in einem langfristigeren Prozess großer Veränderungen in der Organisation von Unternehmen war. Das Zitat in diesem Abschnitt stammt aus der Analyse von Nolan, Zhang und Lin. Siehe »The Myth of the Shareholder Revolution and the Financialization of the Firm«; Nolan, Zhang und Lin, »The Global Business Revolution, the Cascade Effect, and the Challenge for Firms from Developing Countries«, 43.

28 Benjamin P. Edwards, »Arbitration's Dark Shadow«, *Nev. LJ* 18 (2017): 427.

hohe Gebühren zahlen müssen.[29] Verschlimmert wird das Ganze noch dadurch, dass die im Besitz von Technikgiganten befindlichen sozialen Medien einen enormen Anteil der Aufmerksamkeitsökonomie der Welt kontrollieren und Plattformen bereitstellen, auf denen Missbrauch gang und gäbe ist: So ergab eine Recherche der Journalistin Karen Hao 2021, dass die größten spezifisch an »Christian Americans« und »African Americans« gerichteten Facebook-Seiten von Trollfarmen betrieben wurden, die Facebook-Algorithmen einsetzen, um mehrere zehn Millionen von Amerikaner*innen mit Informationen zu überfluten, mit denen soziale Spannungen geschürt und ausgenutzt werden sollten. Solche Farmen gibt es auch in Indien, Großbritannien und überall in Mittel- und Südamerika.[30]

Doch am deutlichsten zeigt sich die Kaperung durch Eliten vielleicht auf der multinationalen Ebene, also dort, wo große globale Institutionen ohne auch nur den Anschein einer demokratischen Rechenschaftspflicht gravierende Entscheidungen über ökonomische Möglichkeiten treffen. Diese Institutionen entstanden im Rahmen der Reorganisation der Weltordnung am Ende des Zweiten Weltkrieges, aus dem die USA als der neue Welthegemon hervorgegangen waren. Die Architekt*innen dieser Neuordnung trafen sich 1944 in Bretton Woods im US-Bundesstaat New Hampshire und hoben dort den Internationalen Währungsfonds (IWF) und das, was später die Weltbank wurde, aus der Taufe. Ungeachtet der moderaten Reichweite ihres »technischen« Mandats im engeren Sinn verfügen diese Organisationen de facto über enorme Macht. Sie bieten »Hilfspakete« an, die an bestimmte staatliche Entscheidungen des Empfängerlandes gebunden sind – Entscheidungen, die in hohem Maß über die Verfügbarkeit von Arbeitsplätzen, das Maß an öffentlichen

29 Daniela Gabor und Ndongo Samba Sylla, »Planting Budgetary Time Bombs in Africa: The Macron Doctrine En Marche«, CADTM, 18. September 2021, https://www.cadtm.org/Planting-budgetary-time-bombs-in-Africa-the-Macron-Doctrine-En-Marche.

30 Karen Hao, »Troll Farms Reached 140 Million Americans a Month on Facebook before 2020 Election, Internal Report Shows«, *MIT Technology Review*, 16. September 2021, https://www.technologyreview.com/2021/09/16/1035851/facebook-troll-farms-report-us-2020-election/.

Dienstleistungen und die Höhe der Lebensmittelpreise mitbestimmen. Somit werden die Grundparameter des Lebens der Nicht-Eliten in die Hände von ausländischen Bürokrat*innen gelegt, über die die Bevölkerung keinerlei demokratische Kontrolle und auf deren Entscheidungen sie nicht einmal theoretisch einen Einfluss hat.[31]

In den 1980er Jahren kam es zu einer Reihe besonders kontroverser »Strukturanpassungsprograme«, mit denen der IWF die Regierungen vieler Länder zur Liberalisierung der Märkte und zur Abwertung der Währung zwang, wenn sie an dringend benötigte Kredite herankommen wollten.[32] Und warum benötigten sie die Kredite dringend genug, um sich auf diese Bedingungen einzulassen? Der Grund dafür war letztlich, dass die Kolonialmächte diese Länder jahrhundertelang auf tausenderlei Art ausgeplündert hatten. Die Weltbank und der IWF ermutigen die ehemaligen Kolonien auch heute noch, hohe Schulden aufzunehmen und räuberische Zinsen dafür zu zahlen. Indem sie die finanzielle Kontrolle über diese Länder ausüben, agieren sie de facto als deren Regierungen und knüpfen die von ihnen benötigte Hilfe an politische Bedingungen, die das gesamte Gefüge dieser Länder verzerren.[33]

Die Kontrolle, die von den Institutionen von Bretton Woods ausgeübt wird, lässt selbst das plakative Beiwerk von Demokratie vermissen. Da

31 Daniel Tetteh Osabu-Kle, »The Politics of One-Sided Adjustment in Africa«, *Journal of Black Studies* 30, Nr. 4 (2000): 515–533; Jason Hickel, »Apartheid in the World Bank and the IMF«, *Al Jazeera*, 26. November 2020, https://www.aljazeera.com/opinions/2020/11/26/it-is-time-to-decolonise-the-world-bank-and-the-imf; Ngaire Woods, »Unelected Government: Making the IMF and the World Bank More Accountable«, *Brookings* (Blog), 1. April 2003, https://www.brookings.edu/articles/unelected-government-making-the-imf-and-the-world-bank-more-accountable/.

32 York W. Bradshaw and Jie Huang, »Intensifying Global Dependency: Foreign Debt, Structural Adjustment, and Third World Underdevelopment«, *Sociological Quarterly* 32, Nr. 3 (1991): 321–42; Issa G. Shivji, »Samir Amin on Democracy and Fascism«, *Agrarian South: Journal of Political Economy* 9, Nr. 1 (2020): 12–32.

33 Keston Perry, »Realising Climate Reparations: Towards a Global Climate Stabilization Fund and Resilience Fund Programme for Loss and Damage in Marginalised and Former Colonised Societies«, *Social Science Research Network*, 2020.

das Stimmrecht auf der Basis des Reichtums und nicht der Einwohnerzahl der Länder zugeteilt wird, verfügen die Länder mit niedrigem und mittlerem Einkommen (und mithin der Großteil des Globalen Südens), die 85 Prozent der Weltbevölkerung ausmachen, dort nur über die Minderheit der Stimmen.[34] Der Abstimmungsprozess in diesen Institutionen begünstigt somit die Machtblöcke der Vergangenheit statt die aktuellen Bedürfnisse der Mehrheit der Erdbevölkerung. Ferner werden die Kandidat*innen für die Spitzenpositionen der Weltbank und des IWF in der Regel von den USA oder europäischen Staaten ernannt und nicht auf irgendeine Weise gewählt.

Dabei hat es durchaus Versuche zum Widerstand gegen die Weltbank und den IWF gegeben. Die Lateinamerikaner*innen haben in Reaktion auf die neueren Entwicklungen des neoliberalen Kapitalismus über Jahrzehnte hinweg populistische Führer*innen gewählt, aber die Resultate waren gemischt und es kam zu blutigen Niederlagen. In Ecuador besteht seit vielen Jahren ein Konflikt zwischen »radikalen Ressourcennationalist*innen« und »Antiextraktivist*innen«, eine Debatte, die durch die Abhängigkeit des Landes von der Gewinnung fossiler Brennstoffe, die seine Sozialprojekte finanzieren und seine Auslandsschulden bedienen, befördert und letztlich unvermeidlich wurde.[35]

In der Zeit seit dem Zweiten Weltkrieg hat die funktionale Partnerschaft zwischen Kapitalismus und liberaler Demokratie samt ihres Anscheins von Volkslegitimität weltweit an Kraft verloren. Der Rechtswissenschaftler Issa Shivij schreibt sogar, die liberale Demokratie sei derzeit »unter Belagerung«. Seiner Ansicht nach befindet sie sich wegen der sozialen Schattenseiten des Monopolkapitalismus im Niedergang: »Wachstum ohne Arbeitsplätze, ungerechte Verteilung und unerträgliche Ungleichheit« sowie die daraus resultierende Entfremdung eines Großteils der Bevölkerung vom politischen System.[36] Auch der Soziologe Wolfgang Streeck ist der Meinung, das liberale demokratische Ideal

34 Hickel, »Apartheid in the World Bank and the IMF«.

35 Thea Riofrancos, *Resource Radicals: From Petro-nationalism to Post-extractivism in Ecuador* (Durham, NC: Duke University Press, 2020).

36 Shivji, »Samir Amin on Democracy and Fascism«, 13.

verliere schon seit Jahrzehnten an Überzeugungskraft. Aber laut Streeck findet das Ende der Demokratie nicht in Gestalt eines brutalen Umsturzes oder gewaltsamen Ereignisses statt, sondern schlicht in Form einer schrittweisen Aneignung des Politischen durch die Elite: »Während eine Krise auf die andere folgte und sich gleichzeitig die Finanzkrise des Staates verschärfte, verlagerte sich die Arena des Verteilungskonflikts nach oben und übersiedelte aus der Welt der kollektiven Aktion von Bürger*innen in immer abgehobenere Entscheidungsgremien, in denen Interessen im abstrakten Jargon technokratischer Spezialist*innen als ›Probleme‹ erscheinen.«[37]

Kaperung auf allen Ebenen

Streeck beschreibt hier einige typische Merkmale der Kaperung durch Eliten: weniger kollektives Handeln von unten, abgehobenere Entscheidungsorte, Aufstieg von Technokrat*innen. Solche Veränderungen finden sich nicht nur in der nationalen und internationalen Politik, sondern auch auf weiter unten angesiedelten institutionellen Ebenen.

Nehmen wir etwa den Teil der Welt, in dem ich tätig bin: den Elfenbeinturm. In *Philosophy of African American Studies* beschreibt Professor Stephen Ferguson II von der North Carolina State University die Kaperung des Studienfachs Black Studies durch Eliten. Die Black Studies verdanken ihre Existenz ja ursprünglich der radikalen Studentenbewegung der 1960er und 1970er Jahre, haben sich aber ihm zufolge seitdem »in ein bürokratisches Rädchen in einem Getriebe verwandelt, das von Administrator*innen kontrolliert wird und in dem es praktisch keinerlei demokratischen Input von Student*innen oder der Community der Schwarzen Arbeiterklasse gibt«.[38]

Aber das ist keineswegs ein spezielles Kennzeichen des universitären Einflusses auf Schwarze Politik. Das Combahee River Collective bildete

37 Wolfgang Streeck, *How Will Capitalism End?: Essays on a Failing System* (London and New York: Verso, 2016), 20.

38 Stephen Ferguson, *Philosophy of African American Studies: Nothing Left of Blackness* (New York: Springer, 2015), 36.

sich unter anderem deswegen, weil es zwischen den verschiedenen, einander überschneidenden Achsen der Differenz so wenig Solidarität gab: Sexismus in Schwarzen Befreiungskämpfen, Rassismus in der Frauenbewegung und Homo- und Transfeindlichkeit in Schwarzen feministischen Organisationen. Dabei waren diese Spannungen und die verschiedenen Formen der Kaperung durch Eliten schon damals bekannt: Angela Davis' Buch *Rassismus und Sexismus* liefert eine meisterhafte Analyse ähnlicher Formen der Kaperung durch die privilegiertesten Feminist*innen in der Bewegung gegen die Sklaverei und in der frühen Frauenbewegung im 19. Jahrhundert.[39] Einige Wissenschaftler*innen meinen sogar, auch E. Franklin Frazier sei ein Beispiel für einige solcher Tendenzen, da er die sozialen Probleme der Schwarzen Community zu eng mit der großen Zahl der von Frauen geführten Haushalte verknüpft habe.[40]

Oder anstatt den Kontext, in dem wir nach der Kaperung durch die Eliten suchen, zu erweitern, können wir auch auf derselben Ebene bleiben, aber die Identitäten umkehren. Das heißt, statt uns anzusehen, welche Politik Rassismusstudien im Hinblick auf Klassenfragen betreiben, könnten wir uns auch die Politik des Klassenaktivismus im Hinblick auf Rassismus ansehen, und dabei könnte sich herausstellen, dass in sozialistischen Organisationen, Gewerkschaften und ähnlichen Gruppierungen weiße Menschen (als Eliten im rassistischen System) stark dazu tendieren, die Entscheidungsprozesse zu kapern.[41]

---

39 Angela Yvonne Davis, »Für ein Ende der Sklaverei: Die Anfänge der Frauenrechtsbewegung«, und »Die Klassen- und Rassenfrage in den frühen Frauenrechtskampagnen«, Kapitel 2 und 3 in *Rassismus und Sexismus. Schwarze Frauen und Klassenkampf in den USA* (Berlin: Elefanten Press, 1982), 34–69.

40 Die vielleicht berühmteste Quelle für diesen Vorwurf ist Angela Davis in ihrem Buch *Rassismus und Sexismus*, aber er ist seitdem Gegenstand der Debatte gewesen. Für eine Analyse, die Fraziers Beschreibung mit dem Patriarchat in Verbindung bringt, siehe Curwood; für eine Verteidigung Fraziers, siehe Semmes. Davis, 19; Anastasia Curwood, »A FRESH LOOK AT E. FRANKLIN FRAZIER'S SEXUAL POLITICS IN THE NEGRO FAMILY IN THE UNITED STATES«, *Du Bois Review: Social Science Research on Race* 5, Nr. 2 (2008): 325–337, https://doi.org/10.1017/S1742058X08080193; Clovis E. Semmes, »E. Franklin Frazier's Theory of the Black Family: Vindication and Sociological Insight«, *J. Soc. & Soc. Welfare* 28, Nr. 2 (2001): 3.

41 Dawson, *Blacks in and out of the Left.*

Die Kaperung durch Eliten ist nicht auf Schwarze Politik beschränkt. Nehmen wir etwa die letzten Jahrzehnte queerer Politik, wie sie in dem treffend betitelten Essay »Ihr wollet die gleichgeschlechtliche Ehe? Jetzt habt ihr Pete Buttigieg« beschrieben werden. Darin beklagt die *BuzzFeed*-Autorin Shannon Keating eine immer stärkere Abwendung der Politik des queeren Mainstreams von den radikaleren und progressiveren Aspekten des Kampfes wie den Stonewall-Unruhen von 1969 und dem konfrontativen Aktivismus der New Yorker AIDS Coalition to Unleash Power (ACT UP) hin zu assimilatorischen Zielen wie zum Beispiel dem Wunsch, durch Politiker*innen der Demokratischen Partei wie Buttigieg – jemanden, der telegen, monogam, weiß, finanziell abgesichert und bekennender Christ ist – vertreten und wie sie behandelt zu werden. Keating sagt dazu: »Wie es scheint, kommen wir queere Menschen immer noch am besten voran, indem wir so tun, als seien wir *bloß wie alle anderen*.«[42] Die Mitgründerin des Combahee River Collective Barbara Smith (die wie in der Einführung erwähnt den Begriff »Identitätspolitik geprägt hat) hat aus genau diesem Grund ihre aktive Beteiligung am Mainstream der LGBTQ-Bewegung eingestellt.[43]

Wenn wir uns Beispiele für die ungleiche Verteilung von Macht ansehen, finden wir am Ende auf jeder Ebene und in jedem Kontext immer die Muster der Kaperung durch Eliten. Wann immer es nicht die richtige Art von Kontrollen und Beschränkungen gibt, wird die Teilgruppe von Menschen, die Macht über die und Zugang zu den Ressourcen hat, die zur Beschreibung, Definition und Erzeugung politischer Realitäten verwendet werden – mit anderen Worten, die Elite – die Werte der gesamten Gruppe kapern und die Menschen zwingen, sich mit weniger weitreichenden sozialen Projekten zufriedenzugeben, die überwiegend die Interessen der Elite widerspiegeln. Sobald Eliten das das Sagen haben werden die Interessen der Gruppe bestenfalls auf das reduziert, was sie

42 Shannon Keating, »You Wanted Same-Sex Marriage? Now You Have Pete Buttigieg«, *BuzzFeed News*, 11. Dezember 2019, https://www.buzzfeednews.com/article/shannonkeating/pete-buttigieg-marriage-equality-lgbtq-gay-rights.

43 Barbara Smith, »Barbara Smith: Why I Left the Mainstream Queer Rights Movement«, *New York Times*, June 19, 2019, https://www.nytimes.com/2019/06/19/us/barbara-smith-black-queer-rights.html.

mit den Interessen derer an der Spitze gemeinsam haben. Schlimmstenfalls kämpfen die Eliten lediglich für ihre eigenen Interessen, und das dann aber unter dem Banner der Gruppensolidarität.

In diesem Kapitel habe ich versucht, eine Behauptung in meiner Einleitung zu belegen: Die Kaperung durch Eliten ist ein generelles politisches Problem, das sich keineswegs auf antirassistische Politik oder Identitätspolitik beschränkt. Die Feststellung, *dass* Kaperung durch Eliten sich in unserem weltweiten sozialen System überall zeigt, ist ein guter Anfang. Aber wenn wir etwas dagegen tun wollen, müssen wir uns außerdem auch fragen, *warum* das der Fall ist.

ZWEI

Den Raum lesen

Anna Eliza Riddle befand sich in einer ungewöhnlichen Lage. Vielleicht war ihre Herrin einfach nur außergewöhnlich lesebegeistert. Oder vielleicht hatte es damit zu tun, dass Anna ungewöhnlich hellhäutig war – Gerüchten zufolge war einer ihrer Großväter weiß. In diesem Fall könnte Annas Herrin auch Annas Tante gewesen sein. Wie dem auch sei, ihre Herrin brach das Gesetz und so kam Anna in die seltene Lage eine versklavte Schwarze Person zu sein, die lesen konnte.

Wie immer man diesen kleinen Akt der Freundlichkeit seitens der Plantagenfamilie bewerten mag – er wurde überschattet von den harten Realitäten der rassistischen Sklaverei. Als Anna noch ein junges Mädchen war, reagierte die Familie auf ihre finanziellen Schwierigkeiten mit der Drohung, Annas Mutter und Brüder zu verkaufen. Daraufhin bot Anna sich heroisch selbst zur Auktion an, damit der Rest der Familie zusammenbleiben konnte. Aber es wurde zu wenig für sie geboten, und so realisierte die Plantagenfamilie den ursprünglichen Plan und riss Annas Familie auseinander.[1]

Einige Jahre später – im US-amerikanischen Bürgerkrieg – befand sich James Henry Woodson auf dem Territorium der Südstaaten ebenfalls in einer ungewöhnlichen Lage. Er war auf der Flucht. Sein Besitzer hatte ihn samt seiner Arbeit an einen Mann ausgeliehen, der ihn Gräben ausheben ließ, aber James hatte seine Freizeit zur Herstellung von Möbeln und Tierfallen benutzt, die er verkaufte, um an Geld zu kommen. Eines Tages überraschte der Mann ihn bei der Arbeit an seinen Waren. Wütend über diesen Affront versuchte er James mit der Peitsche zu

1 Robert F. Durden, »In the Shadow of Slavery«, *The Life of Carter G. Woodson: Father of African-American History* (New York: Enslow Publishers), 8–19.

schlagen, aber James, der wusste, dass die Unionsarmee ganz in der Nähe war, wehrte sich und floh zum Haus seines Besitzers. Diesem erklärte er die Lage als »Zerwürfnis«, was für den wütenden Besitzer aber nur wie das Symptom eines viel tieferliegenden Problems klang. »Zerwürfnis! Streit! Das ist jetzt das Problem! Alle frei! Alle frei!« schrie der weiße Mann. Und James antwortete: »Ja, wir sind frei. [...] Und wenn du mich behelligst, töte ich dich, ganz wie den anderen Teufel.« Und er lief ein weiteres Mal fort.[2]

Aber James rannte nicht nur *fort* vor dem weißen Plantagenbesitzer, den er bedroht hatte: Er ging in Richtung Osten nach Richmond in Virginia, weil er gehört hatte, dass sich dort Soldaten der Union aufhielten. Er traf dann tatsächlich Soldaten und erzählte ihnen seine Geschichte. Dann führte er sie zu dem Plantagenbesitzer, der erst unlängst versucht hatte, ihn mit der Peitsche zu schlagen und die Soldaten »bestraften« den Mann. Danach zeigte James den Soldaten eine Reihe von Depots und Vorratslagern der Konföderierten und ermöglichte so den Unionsstreitkräften, den Nachschub der Südstaatenarmee zu plündern. Er verbrachte den Rest des Bürgerkriegs mit ähnlichen Spionageaktionen für die Unionsarmee. Damit reiht James sich in die Reihe der versklavten Afroamerikaner*innen ein, die Sabotageakte verübten, die Arbeit verweigerten und im Militär kämpften – das war, in den Worten von W. E. B. Du Bois, der »Generalstreik«, der zum Sieg über die Konföderation und zur Zerstörung des Systems der rassistischen Sklaverei beitrug.[3]

Anna und James heirateten 1867, kurz nach dem Bürgerkrieg. Beide hatten einen eisernen Willen und versuchten sich zunächst an dem zutiefst unfairen Spiel des Pachtbetriebs, und am Ende gelang es ihnen, genügend Geld zu sparen, um in West Virginia eine kleine Farm zu kau-

2 Durden, *Life of Carter G. Woodson*, 8–19.

3 Durden, *Life of Carter G. Woodson*, 8–19; W. E. B. Du Bois, *Black Reconstruction in America: Toward a History of the Part Which Black Folk Played in the Attempt to Reconstruct Democracy in America, 1860–1880* (New York: Harcourt Brace, 1935); Guy Emerson Mount, »When Slaves Go on Strike: W. E. B. Du Bois' Black Reconstruction 80 Years Later«, *Black Perspectives*, 28. Dezember 2015, https://www.aaihs.org/when-slaves-go-on-strike/.

fen. Dort bekamen sie im Jahr 1875 ihr viertes Kind: Carter Godwin Woodson. Das Leben auf der Farm war von harter Arbeit geprägt, bei der die gesamte Familie mithelfen musste, aber Anna sorgte dafür, dass Carter und seine Geschwister eine Schulbildung erhielten. Die Carter-Kinder gingen vier Monate im Jahr in eine Schule, die aus einem einzigen Raum bestand und von zwei Brüdern von Anna betrieben wurde, die ebenso wie sie selbst lesen gelernt hatten. Damit war Carter sowohl das Kind als auch der Schüler ehemaliger Sklaven.[4]

Mit 17 fand Carter Arbeit in einem Kohlebergwerk in West Virginia. Nachdem einer seiner Kollegen, ein Schwarzer Bürgerkriegsveteran, herausgefunden hatte, dass Carter lesen konnte, schmiedeten die Schwarzen Bergarbeiter*innen einen Plan: Sie würden ihr Geld zusammenlegen, um den von Afroamerikaner*innen herausgegebenen *Richmond Planet* und einige weiße Tageszeitungen zu abonnieren, und Carter würde der Gruppe aus diesen Blättern vorlesen. Durch diese Lektüre- und Diskussionsgruppen erfuhr Carter dann immer mehr über die Welt außerhalb seines unmittelbaren Umfelds.

Aber das war ihm noch nicht genug. Carter absolvierte Kurse, die vier Jahren Highschool entsprachen, in der Hälfte der Zeit und belegte dann Kurse am Berea College in Kentucky. Berau war 1855 von dem Abolitionisten John Fee gegründet worden und eines der wenigen Colleges in den USA, das von Schwarzen wie weißen Menschen besucht werden konnte. Zur gleichen Zeit unterrichtete Carter erst an einer Schule für Bergarbeiterkinder und wurde dann Direktor einer Schule für Afroamerikaner*innen.[5] 1898 gewannen die USA den Spanisch-Amerikanischen Krieg und nahmen die Philippinen der spanischen Kolonialmacht ab. Carter nahm die Gelegenheit wahr, sich in der neuen Kolonie der USA ein gutes Gehalt zu verschaffen, wobei er tagsüber Englisch und Landwirtschaft unterrichtete und nachts Spanisch, Französisch und europäische Geschichte studierte.

4 Jarvis R. Givens, »Fugitive Pedagogy«, in *Fugitive Pedagogy* (Cambridge, MA: Harvard University Press, 2021), 4.

5 Durden, »Student, Teacher, Traveler«, Kapitel 3 in *Life of Carter G. Woodson*, 20–25.

Später erlaubten ihm sein Vorwissen und seine Ersparnisse, weite Teile Asiens, Afrikas und Europas zu bereisen, sich über die dortigen Bildungssysteme zu informieren und Vorlesungen über die Geschichte der jeweiligen Regionen zu besuchen. 1907 kehrte er in die Vereinigten Staaten zurück, entschlossen, Wissenschaftler zu werden und dem in der damaligen Geschichtswissenschaft herrschenden Schweigen über Schwarze Menschen ein Ende zu machen. Das betraf sowohl die rassistische Exklusion der Afroamerikaner*innen aus der US-Geschichte als auch das Unwissen und Desinteresse, das in Bezug auf afrikanische Geschichte herrschte.[6] Nachdem er an der University of Chicago einen zweiten Bachelor- sowie einen Masterabschluss erworben hatte, ging er nach Harvard und promovierte im Fach Geschichte. Er war nach W. E. B. Du Bois erst der zweite Afroamerikaner, dem dies gelang.[7]

Aber obwohl er nun Doktor der Geschichte war, war Woodson nicht der Typ für ein stetiges Leben an der Universität. Er war kompromisslos in seinen Ansprüchen und das brachte ihn mit vielen Leuten in Konflikt, die seiner akademischen Karriere hätten förderlich sein können. Unmittelbar nach seiner Ankunft in Harvard 1919 etablierte er den ersten Kurs der Universität für afroamerikanische Geschichte; bereits ein Jahr darauf geriet er ins Visier der Universitätsleitung, weil er in einer großen Zeitung Kritik an ihr geübt hatte. Nachdem die Russische Revolution von 1917 die Eliten auf der ganzen Welt in Panik versetzt hatte, befand man sich damals auf dem Höhepunkt der Roten Angst, und Senator Reed Smoot hatte die Universität dafür gegeißelt, dass sie eine Broschüre über »die Bolschewiken und die Sowjets« in ihrer Bibliothek führte.[8] Als der Universitätspräsident daraufhin die Entfernung des Werks an-

6 Durden, *Life of Carter G. Woodson*, 20–25.

7 »Key Events in Black Higher Education«, *Journal of Blacks in Higher Education*, offizielle Website o. J., https://www.jbhe.com/chronology/.

8 Durden, »Launching Negro History Week«, Kapitel 6 in *Life of Carter G. Woodson*, 47–63; Robert F. Schwarzwalder, Jr., »Francis J. Grimke: Prophet of Racial Justice, Skeptic of American Power«, Auszug (Doktorarbeit an der University of Aberdeen, 2021), abgerufen über einen Link der Regent University Library (Blog) am 21. März 2021, http://digitallibrary.regent.edu/wordpress/?p=3546.

ordnete, konnte Carter den Mund nicht halten und war bald danach seinen Arbeitsplatz los.

Doch Carter G. Woodson blieb auch ohne akademischen Arbeitsplatz ein Wissenschaftler. Er hatte bereits das *Journal of Negro History* gegründet und setzte dort seine Pionierarbeit auf dem Gebiet der afroamerikanischen Geschichte fort, indem er ein wissenschaftliches Werk schuf, das seinen strengen Ansprüchen genügte, und andere, aufstrebende junge Wissenschaftler*innen förderte, unter denen sich auch Zora Neale Hurston befand. Außerdem gründete er die – heute unter dem Namen Association for the Study of African American Life and History bekannte – Association for the Study of Negro Life and History, die durch eine Graswurzel-Fundraising-Kampagne unterstützt wurde. Durch Highschool-Clubs zur afroamerikanischen Geschichte, Theateraufführungen historischer Ereignisse und aufklärerische Plakate verbreitete die Organisation im ganzen Land Wissen über Schwarze Geschichte.[9] Carters Bücher gehörten zu den Werken, die Schwarze Lehrer*innen im ganzen Land heimlich verwendeten, um die weiße Kontrolle über die Lehrinhalte für Schwarze Schulkinder zu untergraben. All diese Bemühungen trugen zu dem breiten Netzwerk intellektueller, aufständischer Praktiken Schwarzer Wissenschaftler*innen und Pädagog*innen bei, das der Bildungswissenschaftler Jarvis Givens als »Pädagogik der Geflohenen« bezeichnet.[10]

Laut dem Harvard-Historiker Daryl Michael Scott war Woodson der Meinung, die öffentliche Verbreitung »wissenschaftlicher Geschichte« würde zur Veränderung der Beziehungen zwischen Schwarz und Weiß führen. Scott weist darauf hin, dass Carters Verständnis von Geschichte viele Jahre später auch in den Freedom Schools der Bürgerrechtsbewegung, die deren Organisator*innen überall im Süden gründeten, propagiert wurde: »Die Bewegung der Negro History war ein intellektueller

---

9 Daryl Michael Scott, »The History of Black History Month«, *Black Past*, 14. Januar 2010, https://www.blackpast.org/african-american-history/history-black-history-month/.

10 Givens, »Fugitive Pedagogy.«

Aufstand, der Teil aller breiteren Bemühungen zur Veränderung der race relations war«.[11]

Aber warum meinte Carter, eine intellektuelle Bewegung könne eine ernsthafte Herausforderung für eine politische Struktur darstellen?

Carter G. Woodson war Historiker und wohl auch ein Philosoph. Das zeigt sich in einem Großteil seines Werks, besonders aber in seinem 1933 erschienenen Buch *The Mis-Education of the Negro*, in dem er darlegt, wie die Kaperung durch Eliten die Bildungssysteme der Gesellschaft strukturiert. Woodsons scharfsinnige Beobachtungen liefern die Blaupause für einen generelleren Prozess, der sich auf vielen Ebenen und in vielen Bereichen unseres gesamten sozialen Lebens vollzieht.

Im letzten Kapitel habe ich auf das erstaunliche Ausmaß der Kaperung durch Eliten hingewiesen: Ob es nun Institutionen, Ressourcen und sogar politische Programme betrifft, kann man häufig beobachten, wie die Privilegiertesten unter uns entweder die direkte Kontrolle oder einen viel größeren Einfluss als alle anderen ausüben. Aber ich habe bis jetzt noch nicht detailliert und genau beschrieben, was Kaperung durch Eliten eigentlich *ist*. Dies zu verstehen könnte zu einer Erklärung der Tatsache beitragen, dass die Kaperung durch Eliten sich in so vielfältigen Aspekten unseres Lebens zeigt – vom Bildungssystem bis zum Wohnungsmarkt, von der internen Dynamik aktivistischer Kleingruppen bis zur Ebene nationaler Regierungen. Noch wichtiger ist jedoch, dass ein solches Verständnis der Kaperung durch Eliten uns helfen kann, sie zu identifizieren, wann immer wir sie vor uns haben – und wenn wir sie identifiziert haben, können wir zumindest versuchen, Strategien zur Zurückdrängung ihrer schlimmsten Auswüchse in unseren Bewegungen und in unserem persönlichen Leben auszuarbeiten.

Eine kleine – von einigen Philosoph*innen und Spieltheoretiker*innen begleitete – Reise durch ein berühmtes Märchen könnte uns helfen, uns darüber klarzuwerden, was Kaperung durch Eliten ist – und warum wir ihr buchstäblich überall begegnen.

11 Scott, »The History of Black History Month«.

Der Boden, auf dem wir stehen

Wir haben sicher alle schon vom Märchen von des Kaisers neuen Kleidern gehört. In dieser Geschichte von Hans-Christian Andersen überreichten die Höflinge des Kaisers diesem einen Kleiderbügel und behaupteten, darauf befinde sich ein Gewand aus Zauberstoff, der für alle, die nichts taugten oder außergewöhnlich dumm seien, unsichtbar sei. In Wirklichkeit war der Bügel vollkommen leer. Der Kaiser zog das »Gewand« an und lief dann vollkommen nackt in der ganzen Stadt herum. Nachdem die Bürger*innen gehört hatten, jeder Hinweis auf die offensichtliche Tatsache, dass der Kaiser nackt war, würde nur beweisen, wie nichtsnutzig und dumm alle waren, die das sagten, wagte es keine*r der Untertan*innen, davon zu sprechen – nicht einmal der Diener, der damit beauftragt war, die »Schleppe« des nicht existierenden Gewandes zu halten. Der Bann blieb sogar dann bestehen, als der Kaiser in einer Prozession durch die ganze Stadt marschierte. Erst ganz am Ende rief ein kleines Kind auf einmal: »Aber er hat ja gar nichts an!« Der Bann war gebrochen.

Wie viele Märchen enthält auch dieses tiefe Einsichten in das Wesen der Gesellschaft. Bei einer davon geht es um die Frage der zentralen Strukturierung unseres Umgangs miteinander durch Machtverhältnisse. Es ist verlockend, unsere repressiven sozialen Hierarchien und Strukturen durch authentische Einstellungen zu erklären: unsere Überzeugungen, Haltungen und tief verankerten Ideologien. Wenn wir die Dinge aus diesem Blickwinkel sehen, betrachten wir Rassismus als eine Haltung zu unserem Platz in der Welt (als »überlegen«, als »menschlich«) und als eine Reihe von Überzeugungen über den Platz anderer, und wir verstehen Frauenfeindlichkeit als eine Art der Betrachtung des Männlichen und des Weiblichen (wobei wir Ersteres überhöhen und Letzterem mit Respektlosigkeit begegnen) und so weiter.

Dieser Ansatz, die Dinge über Ideologien oder Überzeugungen zu verstehen, hat seine Vorzüge: Ganz gewiss übt unsere ehrliche Meinung über uns selbst, die Welt und das, was wir als Menschen einander schuldig sind, einen *Einfluss* auf unser Verhalten in der Welt aus. Aber die Beziehung zwischen dem, was jede*r von uns für wahr und gut hält, und der Art und Weise der Regelung unseres täglichen Umgangs miteinander ist wesentlich fragiler, als diese Herangehensweise uns glauben lässt, und das ist eine der Einsichten, zu deren Vermittlung das Märchen von des Kaisers neuen Kleidern geradezu maßgeschneidert ist.

Die Interaktion zwischen dem Kaiser und der Menge ist eine Illustration dafür, wie wir, während wir reden oder interagieren, gemeinsam die Welt schaffen. Worte, Gesten und Zeichen verstehen sich nicht von selbst, sondern es ist die Aufgabe der Sender*innen und Empfänger*innen, etwas aus ihnen zu machen. Kommunikation ist eine Form »gemeinsamen Handelns«, bei dem jedes Individuum seine Rolle in einem Stück spielt, das *wir* zusammen aufführen.[12] Dementsprechend haben Sprachphilosoph*innen oft darauf hingewiesen, dass wir, um zu kommunizieren, teilen müssen. Zu dem, was wir teilen, gehören auch Informationen, denn wenn wir immer von vorne anfangen und unser Bild von der Welt mit jedem Gesprächsbeginn von neuem konstruieren müssten, wäre es schwer, je über etwas Interessantes zu sprechen oder etwas auch nur halbwegs Komplexes miteinander zu tun. Tatsächlich setzen wir, wenn wir kommunizieren, gewisse »gemeinsame« oder »beiderseitige Überzeugungen« voraus – und zwar nicht nur Dinge, die *ich* weiß und die *du* weißt, sondern Dinge, von denen ich weiß, dass du sie weißt, von denen du weißt, dass ich sie weiß, und so weiter.[13]

Diese »öffentlichen« Informationen nennt der Philosoph Robert Stalnaker den »gemeinsamen Boden« oder »Common Ground«, den er mit einer geteilten Ressource vergleicht, die die Teilnehmer*innen an einer Konversation dazu verwenden, gesellschaftliche Interaktionen herzustellen und weiterzuverfolgen.[14] Im Verlauf unserer Bewegung durch die Welt verändert sich dieser Common Ground, der »Boden« unter uns. Wenn wir anderen Informationen und Perspektiven mitteilen, fügen wir dem Common Ground etwas hinzu. Im Lauf der Zeit

---

12 Dieser Ausdruck stammt von Herb Clark; siehe sein Buch *Using Language* (Cambridge, UK: Cambridge University Press, 1996).

13 Robert Stalnaker, *Context* (Oxford: Oxford University Press, 1966), 68, 78.

14 Robert Stalnaker, »Common Ground«, *Linguistics and Philosophy* 25 (2002): 701–721; Stalnaker, *Context*.

erzeugen unsere kollektiven Antworten auf die Ereignisse, die um uns herum geschehen, neuen gemeinsamen Boden. Und wir verändern den Common Ground, wenn wir unsere Worte nutzen, um ihn infrage zu stellen und umzugestalten, sei es, um uns gegen Gerüchte zu verwahren, sei es, um traditionellen kulturellen Weisheiten eine neue Form zu geben. Jede dieser Interaktionen verändert den Bereich der Informationen, die wir als öffentlichen und geteilten Besitz betrachten.

Das Wichtige an diesen öffentlichen Informationen ist, was wir mit ihnen tun. Im Rahmen unseres Agierens in sozialen Kontexten behandeln wir die Informationen im Common Ground, *als seien sie wahr*, das heißt, wir behandeln sie als Prämisse für öffentliches Handeln.[15] Der Gebrauch eines solchen gemeinsamen Fundus von Annahmen findet sich überall im sozialen Leben: Die zahlreichen Annahmen über Mahlzeiten und gesellschaftliche Zusammenkünfte, die meine Partnerin und ich teilen, sind der Grund dafür, dass sie mir lediglich mitteilen muss, dass heute Abend Freund*innen kommen, um mich dazu zu bringen, mehr Essen zu kochen und zusätzliche Gedecke auf den Tisch zu stellen. Ganz ähnlich behandeln die Stadtbewohner*innen in Andersens Märchen einen – angeblich bekleideten – nackten Kaiser als die Prämisse ihres gemeinschaftlichen Jubelns. Und auf einer bestimmten Ebene macht das ihre Entscheidung, ihm zuzujubeln, tatsächlich sinnvoll. Aber wie die im Märchen beschriebenen Umstände verdeutlichen, gibt es eine Vielfalt von Gründen, zu handeln, als sei etwas wahr.[16] Echte Überzeugung ist nur einer dieser vielen möglichen Gründe.

Der Aufstieg der sozialen Medien hat uns etwas sehr stark bewusstgemacht, was für Kommunikation in Wirklichkeit schon immer gegolten hat: Die soziale Welt, in der wir miteinander sprechen, ist komplex, und

---

15 Vgl. Olúfẹ́mi O. Táíwò, »The Empire Has No Clothes«, *Disputatio* 51 (2018): 305–330.

16 Kelly F. Austin, »Degradation and Disease: Ecologically Unequal Exchanges Cultivate Emerging Pandemics«, *World Development* 137 (2021): 105–163; J. L. Austin, »Performative Utterances«, in *Philosophical Papers*, J. O. Urmson und G. J. Warnock, Hg. (Oxford: Clarendon Press, 1961); Rebecca Kukla und Mark Norris Lance, *»Yo!« and »Lo!«: The Pragmatic Topography of the Space of Reasons* (Cambridge, MA: Harvard University Press, 2009).

was wir mit unseren Interaktionen erreichen wollen, geht oft weit über das hinaus, was wir tatsächlich sagen. Wir wollen Beziehungen und Positionierungen beeinflussen, wir wollen Einfluss gewinnen oder andere daran hindern, wir wollen unsere »Seite« in (im kleinen wie im großen Sinne) politischen Debatten unterstützen und wir wollen uns Ressourcen und Belohnungen verschaffen oder Strafen und Hindernissen aus dem Weg gehen.

Ganz ähnlich wie der Common Sense ist der Common Ground uns gar nicht immer so »gemeinsam«, wie behauptet wird. Wenn alles gut geht, kommunizieren wir in gutem Glauben und aus guten Gründen. Vielleicht akzeptieren wir einen neuen Gedanken, der unsere bisherige Sicht infrage stellt, und fügen ihn unserem Vorrat an Gemeinsamkeiten hinzu. Wir tun das als Aspekt eines sinnvollen Teilens der Welt mit den Menschen um uns herum und wir vertrauen dabei darauf, dass auch sie in gutem Glauben und aus guten Gründen kommunizieren.

Wir können neue Informationen als Teil des Common Ground akzeptieren, weil wir diese Informationen für wahr halten, oder alte Informationen daraus entfernen, weil wir sie inzwischen für falsch halten – so sollte es sich jedenfalls nach dem Wunsch der Gelehrt*innen dieser Welt abspielen – und es ist uns wichtig, für die Qualität unseres Common Ground zu sorgen, insoweit unsere Fähigkeit, ein gemeinsames Leben zu führen und uns gemeinsam zu entwickeln, davon abhängt. Dies zumindest ist ein Bild davon, wie der Common Ground in einem sozialen Kontext funktionieren könnte, in dem Vertrauen, Respekt und Autorität gerecht und fair verteilt sind und in dem wir auf eine Art kommunizieren, die sich das Gemeinwohl zum Ziel setzt. Das klingt doch gut, oder?

Das Bild unseres tatsächlichen sozialen Kontextes ist natürlich viel weniger rosig.

Betrachten wir einmal ein anderes Szenario, das von dem Sprachphilosophen David Lewis entworfen wurde.[17] Getreu dem unbeteiligten Stil der sogenannten analytischen Philosoph*innen führt Lewis seinen Gedanken in Gestalt eines nüchternen, blutleeren Gedankenexperi-

17 David Lewis, »Scorekeeping in a Language Game«, *Journal of Philosophical Logic* 8, Nr. 1 (1979).

ments ein: »Zwei Personen beschließen aus irgendeinem Grund – Zwang, Unterordnung, einem gemeinsamen Ziel –, dass eine von ihnen sich (zumindest in bestimmten Grenzen, in einem bestimmten Handlungsrahmen und solange bestimmte Bedingungen gegeben sind) der Kontrolle der anderen unterwirft. Nennen wir die eine Person Sklav*in, die andere Herr*in. Dabei wird die Kontrolle verbal ausgeübt.«[18] Doch diese Darstellung ist irreführend. Da die Sklaverei als Institution ja tatsächlich existiert hat, beschreibt Lewis in Wirklichkeit Kommunikationsregeln, die über tatsächliche Interaktionen bestimmt haben, die integraler Bestandteil der Konstruktion des rassifizierten Kapitalismus und des von ihm hervorgebrachten globalen politischen Systems waren.

Bleiben wir trotzdem noch einen Augenblick lang bei diesem Gedankenexperiment. Herr*innen, die zu ihren Sklav*innen sprechen, nehmen eine Machtposition ein, die darüber entscheidet, was im Rahmen ihrer Interaktion kommunikativ möglich ist. Wenn der Herr oder die Herrin sich weigert, die Möglichkeit zu erwägen, dass es draußen regnet, schließt das jede Art zu sprechen aus, die davon ausgeht, dass es sehr wohl regnet. Es liegt im Wesen der sozialen Beziehung zwischen Herr*in und Sklav*in und daher auch ihres Gesprächs, dass das Machtverhältnis zwischen ihnen vollkommen einseitig ist. Egal wie direkt die Erfahrung der Sklavin oder des Sklaven mit dem Regen ist, sie können sie nicht dazu verwenden, zu einem geteilten Verständnis der Situation beizutragen. Der Common Ground ist keine demokratisch geregelte Ressource, und zwar aus demselben Grund, aus dem es auch die anderen Ressourcen beider Parteien nicht sind: Sie leben in einer Sklavengesellschaft.

Kommunikation wird oft auf eine übermäßig intellektuelle Art beschrieben, die ihre Rolle als Austausch von Informationen ein wenig zu ernst nimmt. Wenn eine Person öffentliche Information anbietet und dies auf unfaire Art zurückgewiesen wird, bedeutet das in dieser Sichtweise, dass sie damit auf eine besondere »epistemische« Art »als Wissende« geschädigt wird.[19] Die ungerechten Systeme, die sich in

18 Lewis, »Scorekeeping in a Language Game«, 340.

19 Miranda Fricker, *Epistemic Injustice: Power and the Ethics of Knowing* (Oxford: Oxford University Press, 2007).

unseren kommunikativen Interaktionen zeigen, werden dann häufig als eine spezifisch ideologische Art von Ungerechtigkeit behandelt, die in einem System von Überzeugungen wurzelt, das etwas anderes ist als andere Systeme von Ungerechtigkeit und vielleicht sogar letztlich hinter diesen steht.[20]

Man könnte es jedoch auch so sehen, dass Kommunikation schlicht und einfach eine Art von Handeln ist und dass daher die Weise, wie wir im Gespräch kommunizieren, von genau denselben Kräften, Normen und Anreizen bestimmt wird wie alles andere, was wir tun. Die Eliten »kapern« unsere Konversation also aus weitgehend denselben Gründen und auf dieselbe Art, wie sie alles andere kapern.

Was denken die Leute, die dem nackten Kaiser zujubeln, sich dabei? Wir könnten uns hier natürlich raffinierte intellektuelle Gründe ausdenken, die hierfür eine Erklärung liefern. Wir könnten uns vorstellen, dass sie wahre Gläubige sind und einem ganzen Komplex legitimierender Mythen anhängen. Vielleicht sind sowohl der Kaiser als auch seine Untertan*innen aufrichtig von der falschen Geschichte vom unsichtbaren Gewand überzeugt, weil sie noch eine *weitere* falsche Geschichte glauben, laut der der Kaiser einen einzigartigen Einblick in die tiefere Struktur der Realität hat, oder weil sie von einem übernatürlichen Mechanismus ausgehen, der persönliche Mängel mit Halluzinationen bestraft. Das ist die Art von Erklärung, die Leute oft geben, wenn sie versuchen, Unterdrückung durch »implizite Parteilichkeit«, »Ideologie«, »epistemische Ungerechtigkeit« oder kulturelle Faktoren zu erklären, die in der moralischen und geistigen Verrottung unterdrückerischer Gesellschaften wurzeln.

Diese Erklärungen scheinen darauf hinauszulaufen, dass irgendetwas *mit den Stadtbewohner*innen selbst* nicht stimmt. Wenn wir dahinterkommen wollen, warum sie sich an diesem seltsamen Tag so seltsam verhalten, müssen wir demnach herausfinden, was sie psychisch oder kulturell oder in einer sonstigen Dimension, die ihre Wahrnehmungen und Intuitionen prägt, beeinträchtigt. Sicherlich ist an dieser Erklärung

---

20 Tommie Shelby, »Ideology, Racism, and Critical Social Theory«, *Philosophical Forum* 34, Nr. 2 (2003): 153–188.

manches richtig. Es ist nur schwer vorstellbar, dass eine Gesellschaft von ihren Mitgliedern jahraus, jahrein und über Generationen hinweg einen sklavischen Gehorsam in ihrer Konversation verlangt, ohne dass das Auswirkungen darauf hat, wie die Menschen die Welt empfinden, über sie denken und in ihr handeln.

Aber wenn wir, statt uns zu fragen, warum die Bewohner*innen der Stadt dem Kaiser *glauben*, fragen, warum sie so tun, *als ob* sie ihm glaubten, kommen wir zu einem anderen Ergebnis. Anders gesagt sind es nicht *Überzeugungen*, die systematisch organisiert werden, sondern *Verhaltensweisen*. Diese Sicht der Situation ist immer noch mit der Möglichkeit vereinbar, dass die Städter*innen tatsächlich bestimmte Glaubensstrukturen internalisiert haben, aus denen sich ihr Verhalten ableitet. Aber im Unterschied zu der anderen Sichtweise beschäftigt sich dieser Ansatz ernsthaft mit der Frage, welche Vorteile es den Stadtbewohner*innen bringt, wenn sie mitspielen – und was für sie auf dem Spiel steht, wenn sie es nicht tun.

Wenn Menschen kommunikative Entscheidungen aus derselben Art von Gründen treffen, aus denen sie sich für andere Handlungen entscheiden, wird alles sofort viel weniger mysteriös. Die Antwort auf die Frage, was all die Leute, die dem nackten Kaiser zujubeln, sich wohl dabei gedacht haben, könnte schlicht und einfach sein: »Wenn ich bei diesem Spiel des Kaisers nicht mitspiele, könnte das für mich böse ausgehen.«

Diese Modifikation mag recht unbedeutend erscheinen, aber sie zeigt einen der Gründe auf, aus denen man sich mit Erklärungen, die auf Überzeugungen, Einstellungen und Kultur referieren, nicht zufriedengeben sollte: Diese räumen den formalen Rechtfertigungen für hierarchische Interaktionen eine etwas zu große Bedeutung ein und laufen damit Gefahr, das, was sich tatsächlich zwischen den Menschen abspielt, zutiefst misszuverstehen, und zwar besonders dann, wenn diese Interaktionen einen unterdrückerischen Charakter haben. Die Geschichtswissenschaftler Robin D. G. Kelley und James C. Scott haben überzeugend gezeigt, dass selbst Historiker*innen zu diesem Irrtum neigen, indem sie die langen Perioden, in denen unterdrückte Menschen in repressiven Systemen »mitgespielt« haben, als Beweis dafür betrachten, dass sie tatsächlich fest an diese Systeme geglaubt haben.[21] Tatsächlich ist sehr leicht vorstellbar, dass einige von ihnen dies ganz und gar nicht taten, sondern Schwindler*innen waren, die nach den Regel des sozialen Drehbuches spielten und dabei raffiniert den Machthaber*innen Widerstand leisteten.[22]

Wir müssen gar nicht davon ausgehen, dass Bäcker*innen und Kerzenmacher*innen, an denen der nackte Kaiser vorbeikommt, während sie versuchen, irgendwie durch den Tag zu kommen, sich dafür interessieren, ob der Kaiser tatsächlich bekleidet ist oder nicht. Tatsächlich besteht ihr wichtigstes Interesse an diesem Tag vermutlich darin, Brot und Kerzen zu verkaufen, also darin, ihre Familien zu ernähren und sich den Steuereintreiber vom Hals zu halten. Ihre Geistesverfassung während der Prozession des Kaisers wird vermutlich von Aspekten ihrer eigenen Geschichte und des Common Ground bestimmt sein. Vielleicht kennen sie die Geschichte von dem Mann aus dem Volk, der in den Adelsstand erhoben wird, weil der Kaiser so viel Gefallen an seinen Waren findet. Oder vielleicht denken sie auch an die wesentlich weniger unwahrscheinliche, ja sogar alltägliche Geschichte einer Geschäftsperson, die wegen ihrer Schulden oder Beleidigung des Kaisers verhaftet und öffentlich gemartert wird.

Es gibt viele solcher Geschichten, die Handwerker*innen dazu bringen könnten, an einer Straße, in der die Prozession des Kaisers vorbeizieht, einen Stand aufzuschlagen, und die ihre Gedanken beeinflussen könnten, während sie ihn sich nähern sehen. Keine einzige dieser Geschichten müsste etwas damit zu tun haben, was der Kaiser anhat oder nicht – und nicht einmal damit, was sie tatsächlich darüber denken, was er anhat. Und bei näherer Betrachtung stellt sich heraus, dass diese Geschichten vollkommen ausreichen, um zu erklären, warum ein*e

21 Robin D. G. Kelley, »›We Are Not What We Seem‹: Re-thinking Black Working-Class Opposition in the Jim Crow South«, *Journal of American History* 80, Nr. 7 (1993): 75–112; James C. Scott, *Domination and the Arts of Resistance: Hidden Transcripts* (New Haven: Yale University Press, 1990).

22 Gerald Vizenor, *Shadow Distance: A Gerald Vizenor Reader* (Middletown, CT: Wesleyan University Press, 1994); Goran Gumze, »Capoeira: Influences on Depression, Aggression and Violence in Salvador«, (Doktorarbeit an der University of Nova Gorica, 2014), 32.

Bäcker*in oder ein*e Kerzenmacher*in genau das tun, was der Kaiser an diesem Tag von ihnen erwartet.

Um diese Geschichte zu verstehen, muss man sich lediglich auf die Frage konzentrieren, was Autorität *ist* und welche Rolle sie bei der Organisation des sozialen Lebens spielt.

Wie sich herausstellt, sind nicht die dem Kaiser untergebenen Städter*innen das Problem, und es ist auch nicht der Kaiser selbst. Das Problem ist die *Stadt*. Das Problem ist das Reich.

Die Theorie der Fehlerziehung

Genug von den Metaphern. Sobald man den Punkt einmal konstatiert, ist er klar genug: Die Struktur all unserer Interaktionen wird von unseren politischen Strukturen beeinflusst.[23] Diesen Punkt erkannte auch Carter G. Woodson im Lauf seiner weltweiten Reisen sehr deutlich, und weil seine Analyse bis heute so überzeugend ist, werden wir uns jetzt noch etwas weiter mit ihr beschäftigen.

Bei einer der Kritiken Woodsons ging es mehr oder weniger um Schwarze politische Strategie.. Er vertrat die Meinung, die »sogenannte moderne Bildung«, die den Schwarzen Schüler*innen und Student*innen vermittelt wurde, ähnele stark den »besonderen Systemen, die von privaten und staatlichen Institutionen zur Ausbildung der Eingeborenen in den Kolonien und den abhängigen Gebieten betrieben werden« und entspreche »den Bedürfnissen derjenigen, die schwächere Völker versklavt und unterdrückt haben und dies immer noch tun«.[24] Sie habe die Funktion, ausgewählten Gruppen von Afroamerikaner*innen Diplome und andere Symbole sozialer Wertschätzung und Anerkennung zu verschaffen, wobei die Herauslösung dieser Gruppe aus dem Rest der Schwarzen Community sowohl die Belohnung als auch der Preis sei. Dieses Programm des racial uplift war laut Woodson letztlich ein Ver-

---

23 Carol Hanisch, »The Personal Is Political«, Februar 1969, https://www.carolhanisch.org/.

24 Carter G. Woodson, *The Mis-Education of the Negro* (Middletown, CT: Tribeca Books, 2016), 4.

such, Schwarze Menschen *selbst* nach dem Bild der unterdrückerischen Gesellschaft zu formen. Woodson dagegen war der Meinung, man müsse stattdessen die sozialen Bedingungen verändern, die dieser Unterdrückung zugrunde lagen.

Sein zweiter Kritikpunkt zum Inhalt der den Schwarzen vermittelten Erziehung und Bildung das Bild noch schärfer. Woodson wies darauf hin, dass die Lehrpläne alle auf Informationen aufbauten, die im Rahmen des dominanten rassistischen Bildungssystems für wichtig erachtet wurden. Im dritten Kapitel seines Buchs *Mis-Education* gibt er dafür ein eindrückliches Beispiel:

> »Auch in den medizinischen Fakultäten überzeugte man die Schwarzen von ihrer Minderwertigkeit, indem man sie an ihre Rolle als Keimträger*innen erinnerte. Dabei wurde besonders auf die Verbreitung von Syphilis und Tuberkulose unter Schwarzen hingewiesen, ohne jedoch hinzuzufügen, dass diese Krankheiten unter ihnen gerade deshalb so tödlich sind, weil sie kaukasischen Ursprungs sind und die Schwarzen, da diese Seuchen für sie neu sind, nicht die Zeit hatten, dieselbe Immunität gegen sie zu entwickeln, wie dies die Kaukasier*innen im Lauf der Zeit tun konnten. Auch andere besonders unter Schwarzen verbreitete Krankheiten wurden gern erwähnt, um die Schwarzen als unerwünschtes Element zu präsentieren, obwohl diese Krankheiten in Wirklichkeit ihrem wirtschaftlichen und sozialen Status geschuldet waren. Dagegen wurde kaum einmal auf die Immunität der Schwarzen gegen Krankheiten wie Gelbfieber oder Influenza hingewiesen, die für die Weißen ein so großes Problem darstellen. Hier wurden die Weißen keineswegs als minderwertig betrachtet, nur weil sie über weniger Widerstandskraft gegen diese Seuchen verfügten.«[25]

Woodsons Beschreibung bezieht sich auf die Berichte universitärer Lehrkräfte über medizinische Daten zu Afroamerikaner*innen. Er bestreitet die Zahlen nicht, denn diese Dozent*innen fügten dem Common Ground *zutreffende* Informationen hinzu. Aber Woodson wendet hier dennoch ein, diese Informationen hätten zum Schüren von Rassismus gedient. Dies lag an den Dingen, die bereits Bestandteil des Common

---

25 Woodson, »How We Drifted Away from the Truth«, Kapitel 3 in *Mis-Education of the Negro.*

Ground waren: einem Weltbild, in dem statistische Informationen über besonders unter Schwarzen verbreitete Krankheiten sich reibungslos in bereits existierende, weit verbreitete Narrative über die Unreinlichkeit und Minderwertigkeit der Schwarzen fügten, während äquivalente Informationen über eher unter weißen Menschen verbreitete Krankheiten sich in präexistierende Erzählungen über ihre Überlegenheit einpassten. Der Rassismus fand sich nicht unbedingt in diesem oder jenem Satz oder diesem oder jenem Beispiel von Kommunikation, sondern in dem Gesamtnarrativ, in das er eingebettet war.

Woodson zeichnet ein lebendiges Bild davon, wie das im Hintergrund wirkende Machtsystem die Interaktionen im Schulraum auf komplexe (aber, wenn wir ehrlich sind, längst gut verstandene) Art strukturiert. Es handelt sich um dieselbe Dynamik wie die, die dafür sorgt, dass der nackte Kaiser damit rechnen kann, dass man ihm wegen seiner Kleider schmeichelt. In einem imperialen Schulraum ist kein ausgewogener Bericht und keine symmetrische Kommunikation möglich. Diese in die Bildung eingebaute Asymmetrie war ein Produkt, und Woodson wusste das – er hatte an dem Ort studiert, an dem dieses Produkt hergestellt wurde.

Carter G. Woodson begann schon früh zu verstehen, wie Macht das formt, was wir unter Geschichte verstehen. Als junger Bergarbeiter in den Kohlenminen West Virginias hatte er sich viele Jahre lang Berichte von Menschen über den Bürgerkrieg angehört, die selbst daran teilgenommen hatten. Zu dieser »Ausbildung« gehörten auch die lebhaften Debatten der Bahnarbeiter in dem Rangierbahnhof, in dem sein Vater James gemeinsam mit vielen Ex-Soldaten[26] der Konföderierten-Armee arbeitete – Debatten, denen der Arbeitgeber ein Ende bereitete, nachdem ein Streit zwischen James und seinem Vorarbeiter, einem Ex-Konföderierten, in eine Schlägerei ausgeartet war.

Später, als Doktorand an der Harvard University, studierte Woodson unter sehr renommierten Historikern wie Edward Channing, der

26 Bei allen nicht gegenderten Personenbezeichnungen ist es so, dass es nur Männern erlaubt war, diesen Beruf auszuüben. Wir wollen den Ausschluss von Frauen und Queers nicht unsichtbar machen, deshalb ist es nicht gegendert, allerdings wissen wir natürlich nicht, ob alle Soldaten Männer waren.

später den Pulitzerpreis gewann. Dieser behauptete in seinem Seminar, die Afroamerikaner*innen hätten nicht nur keine eigene Geschichte, sondern außerdem auch nie eine wichtige Rolle in großen historischen Ereignissen wie dem Bürgerkrieg gespielt. Woodson widersprach dem Professor, woraufhin dieser ihn aufforderte, Beweise für seine Meinung vorzulegen, ohne zu ahnen, dass Woodsons Absicht, genau das zu tun, einer seiner Hauptgründe war, überhaupt in Harvard zu studieren. Carter wusste zu diesem Zeitpunkt schon längst, dass Männer wie Channing, die sich immerzu auf Lehrbücher beriefen, genau die Weltsicht pflegten und in den Himmel hoben, die Leuten wie dem Vorarbeiter seines Vaters ihre Macht gab, aber die Sicht von Leuten wie James Woodson ignorierte.

Diese Erfahrungen inspirierten Woodson zur Produktion einer anderen Art von Geschichte, nämlich afroamerikanischer Geschichte. Mithilfe der Zeitschrift *Journal of Negro History* und von ihm selbst gegründeter Bildungsinstitutionen produzierte er dann eine Schwarze Geschichte, die seinen hohen akademischen Standards genügte.

Dabei ging es nicht nur darum, die Herzen und Meinungen der Menschen zu verändern, sondern auch um die Veränderung des *Common Ground* – eine Veränderung des Bereichs der Informationen, die die Menschen in ihrem täglichen Umgang miteinander *nutzen konnten.*

Kaperung durch Eliten: Das Spiel spielen

In seinem Buch *Mis-Education* teilt Carter eine Reihe wertvoller Erkenntnisse über das Wesen von Kommunikation, Politik, Geschichte und Bildung mit uns und mein Buch kann leider nicht allen davon gerecht werden. Am wichtigsten in unserem Zusammenhang sind seine Erkenntnisse im Bereich der politischen Sprachphilosophie, weil sie uns dabei helfen können, ganz nah an ein Verständnis der Kaperung durch Eliten heranzukommen. Darüber hinaus vermitteln sie uns noch weitere Einsichten, sobald sie mit einer weiteren philosophischen Disziplin in Verbindung gebracht werden, die sich ebenfalls mit unseren Interaktionen im Rahmen strukturierter Kontexte befasst, nämlich der Philosophie des Spiels.

In seinem Werk *Games: Agency as Art* erklärt der Philosoph C. Thi Nguyen den entscheidenden Unterschied zwischen *Spielwelten* und *echten Welten* und führt außerdem aus, was wir von Ersteren über Letztere lernen können.[27] Bei Spielen steht weniger auf dem Spiel: Wenn meine Spielperson »stirbt« oder wenn ich in einem Mario-Kart-Rennen zurückfalle, kann ich einfach die Konsole ausschalten und später von vorne anfangen. Außerdem haben Spiele einen künstlich klaren Entscheidungskontext: Ich weiß genau, was meine Ziele sein müssen und wie ich zu anderen in Beziehung treten kann. Nehmen wir etwa Basketball. Wenn die Spieler*innen neben mir dasselbe Trikot tragen wie ich, dann helfe ich ihnen dabei, Punkte zu holen oder hole sie selbst; wenn sie ein anderes Trikot tragen, versuche ich, sie aufzuhalten. Da der Einsatz in Spielen begrenzt ist, können wir uns in eine Art Scheinwelt versenken, in der alles, was wir tun, in einem klaren und instrumentellen Verhältnis zu unserem Erfolg steht.

Dieses klare und zweckmäßige Verhältnis ist einer der wichtigen Aspekte, in denen Spiele die Komplikationen und Prekaritäten des Alltagslebens nicht erfassen – und das ist sicher zum Teil der Grund dafür, dass man mit ihnen dem Alltag so leicht entfliehen kann. Unsere Interaktionen mit unseren kleinen Kindern, erwachsenen Geschwistern, und alternden Eltern wirft oft praktische, psychische und moralische Risiken auf. Hinter unserem täglichen Umgang mit Chef*innen und Kolleg*innen lauert immer die Gefahr des Scheiterns oder sogar der Arbeitslosigkeit (letzteres ist besonders in den USA gravierend, da eine Entlassung Wohnungslosigkeit und den Verlust der Krankenversicherung nach sich ziehen kann). Diese hohen Einsätze wären vielleicht leichter zu bewältigen, wenn wenigstens ein bisschen klarer wäre, wie man mit ihnen spielt – wenn es ein allseits akzeptiertes Buch über Kindererziehung gäbe, wenn man wüsste, »Wie Sie Ihren üblen Chef*innen mit einem simplen Trick den Wind aus den Segeln nehmen«. Aber in der Praxis müssen wir unsere Ziele und Bedürfnisse mit unseren Vermutungen über die Ziele und Bedürfnisse anderer abgleichen und dies oft sehr schnell und meist ohne Feedback über die Qualität unserer Mut-

27 C. Thi Nguyen, »Layers of Agency«, Kapitel 3 und »Gamification and Value Capture«, Kapitel 9 in *Games: Agency as Art* (Oxford: Oxford University Press, 2018), 52–73, 189–215.

maßungen tun – außer wenn die Folgen unserer falschen Annahmen für sich selbst sprechen.

Die künstliche Klarheit der Spielwelten ist ein wichtiger Grund dafür, dass sie Spaß machen. Ihre Designer*innen schaffen Welten, die den Spieler*innen klarere Gründe für bestimmte Handlungen und die Befriedigung geben, zu wissen, dass jede dieser Handlungen zum Erfolg oder Misserfolg im Spiel beiträgt. Während die Klarheit und Schlichtheit von Spielen sie von unseren Erfahrungen außerhalb der Spielwelt unterscheidet, ist das Gefühl, dass jeder Spielzug entscheidend für die Gesamtstrategie ist, nicht so verschieden von dem, was im echten Leben passiert. Wie wir im Fall der Handwerker*innen gesehen haben, liefern nicht nur fiktive Umgebungen, sondern auch Machtstrukturen Menschen Gründe, *mitzuspielen*.

Die potenzielle Überschneidung zwischen diesem Merkmal vieler Spiele und den Merkmalen tatsächlicher sozialer Kontexte ist die Grundlage für einen in der realen Welt stattfindenden Prozess, den Nguyen als die »Kaperung von Werten« bezeichnet. Die Kaperung von Werten ist ein Vorgang, bei dem wir mit reichen und subtilen Werten beginnen, dann in der sozialen Welt simplifizierten Versionen dieser Werte begegnen und am Ende unsere Werte selbst immer weiter vereinfachen – und damit inadäquat machen. Diese Art von Prozess kann bei sozialen Interaktionen immer eintreten, aber die Verzerrung unserer Werte tritt am klarsten in sozialen Systemen und Umgebungen zutage, in denen diese Vereinfachung in die Strukturen von Belohnung und Bestrafung eingebaut ist.

Ein solches System ist auch der Kapitalismus selbst: Er belohnt das rücksichtslose und unbeirrbare Streben nach Profit und Wachstum – extrem enge Wertesysteme, die einen Großteil dessen ausschließen, was das Leben überhaupt lebenswert macht. Aber Gesellschaften, die auf Fundamentalismen (sei es religiösen oder säkularen) und Krieg basieren, haben schon lange vor dem Aufkommen des Kapitalismus zu ähnlich verzerrten Wertesystemen geführt.

Im realen Leben wird die Kaperung von Werten manchmal bewusst von Eliten gesteuert, um andere mit spieleähnlichen Taktiken zu manipulieren und zu kontrollieren. Gig-Economy-Plattformen wie Uber und Lyft verwenden Bewertungssysteme und »Ehrenabzeichen«, um den Entscheidungskontext ihrer Fahrer*innen zu steuern.[28] Und auch außerhalb der Arbeitswelt finden wir in den sozialen Medien Dinge wie Likes, Shares und Retweets, die dort die gleiche Rolle spielen wie Punkte in Spielen. Es ist zu befürchten, dass diese simplen Marker im Lauf der Zeit die Werte (wie etwa den Wunsch, sinnvoll zu Diskussionen beizutragen oder stolz auf die Qualität der eigenen Arbeit sein zu können) verzerren oder ersetzen, die sonst vielleicht über unser Verhalten auf diesen Plattformen bestimmt hätten.

Was all diese verschiedenen Vorgänge gemeinsam haben, ist der Charakter des Kaperungsprozesses selbst. Beschäftigte, die gute Arbeit leisten wollen, beginnen vielleicht mit komplexen Motiven – zum Beispiel dem Vorsatz, hart zu arbeiten, in den Genuss einer gewissen Sicherheit zu kommen und sich genügend physische und emotionale Energie für sich und ihre Liebsten aufzusparen. Aber unter dem Druck des von ihren Chef*innen geschaffenen und von Spielen inspirierten Kontextes müssen sie sich auf die Akkumulation der Anzeichen konzentrieren, die ihren Vorgesetzten Erfolg signalisieren, wodurch schließlich – auf Kosten der Dinge, die durch sie geschützt wurden – ihre ursprüngliche Wertestruktur durch eine andere ersetzt wird. So betreiben Disney und Amazon eine obsessive »Überwachung der Beschäftigtenproduktivität in Echtzeit«, um ihre Beschäftigten in einem auf Tempo und Output basierenden Bewertungssystem miteinander wetteifern zu lassen.[29] Die Produktivität und die Profite wachsen, aber zugleich wachsen Müdigkeit, Stress und Arbeitsunfälle, was ganz und gar nicht mehr der ursprünglichen Vorstellung der Angestellten von einem »guten Job« entspricht.

---

28 Noam Scheiber, »How Uber Uses Psychological Tricks to Push Its Drivers' Buttons«, *New York Times*, 2. April 2017, https://www.nytimes.com/interactive/2017/04/02/technology/uber-drivers-psychological-tricks.html.

29 John Holden, »Big Companies Get Involved in Big Brother-Style Monitoring of Staff«, *Irish Times*, 18. August 2014, https://www.irishtimes.com/business/big-companies-get-involved-in-big-brother-style-monitoring-of-staff-1.1898170; Sara Ashley O'Brien, »Workers at Amazon Brace for Another Grueling Week Spurred by Prime Day«, *CNN*, 21. Juni 2021, https://www.cnn.com/2021/06/21/tech/workers-amazon-prime-day/index.html.

Vielleicht glauben sie ja selbst an das Bewertungssystem und verinnerlichen die Werte, die sie für dessen Basis halten – Pünktlichkeit, Ausdauer, Aufmerksamkeit fürs Detail. Vielleicht sehen und beurteilen sie sich selbst und andere durch das Prisma dieses Spiels. Oder vielleicht können sie zwar klar den nackten Hintern des Kaisers sehen, passen ihr Verhalten aber dennoch an, weil ihr Lebensunterhalt davon abhängt. So oder so, das Resultat ist ein Ablauf, den wir seit Beginn der Zeiten kennen: Die Chef*innen gewinnen und die Arbeiter*innen verlieren.

Es ist klar, dass die Kräfte des Kapitals mittlerweile Nutzen im spielerischen Denken gefunden haben. Aber Nguyen weist ebenfalls ausdrücklich darauf hin, dass der bewusste Einsatz von Spielstrategien durch eine dunkle Verschwörung mit dem Ziel, Kontrolle über Menschen zu gewinnen, bei der Kaperung von Werten die Ausnahme und nicht die Regel ist.[30] Ein bewusstes oder kalkuliertes Vorgehen ist für die Kaperung von Werten nicht unbedingt notwendig, sondern diese erfordert lediglich eine Strukturierung des Umfeldes oder der Anreize, die eine übermäßige Klarheit der Werte fördert.

Stellen wir uns zum Beispiel vor, es gibt in den sozialen Medien eine neue Plattform und wir beteiligen uns dort guten Glaubens an Konversationen über ein bestimmtes soziales Thema. Die Plattform wird natürlich von Designer*innen strukturiert, die von den Besitzer*innen angestellt sind und Algorithmen verwenden und weiterentwickeln, mit denen die Posts gesteuert und das Engagement der Konsument*innen stimuliert wird. Während wir auf dieser Plattform kommunizieren, beginnen ihre Merkmale einen Einfluss auf unser Verhalten auszuüben: Simplere Posts bekommen Kommentare und Shares und beeinflussen das, was andere Leute auf dieser Plattform sagen. Die Eigentümer*innen des Tech-Unternehmens streichen den Löwenanteil des Gewinns ein, der durch unsere kommunikativen Aktivitäten auf der Plattform generiert wird, und einige wenige Beteiligte an der Konversation erhalten den Löwenanteil der Aufmerksamkeit, die durch die Aktivitäten auf der Plattform erzeugt wird. Es entsteht eine Elite.

---

30 Nguyen, »Gamification and Value Capture«, Kapitel 9 in *Games: Agency as Art*, 189–215.

Es wäre jedoch ein Fehler, all das, was hier geschieht, als einen von Eliten gesteuerten Prozess zu verstehen. Diese sind genau wie die ungleiche Verteilung von Gewinn und Aufmerksamkeit selber *Resultat* des Prozesses. Sie machen oft *tatsächlich* vieles schlimmer und verhindern Lösungen, aber wenn wir das Problem der Kaperung durch Eliten ausschließlich an deren moralischen Qualitäten oder Defekten festmachen, verwechseln wir damit Wirkung und Ursache. Das wahre Problem liegt im System selbst, in den von ihm geschaffenen Bedingungen und Interaktionsregeln, die diese Eliten überhaupt erst hervorgebracht haben.

Bei Spielen ist die jeweilige Macht von Designer*innen und Spieler*innen klar voneinander abgegrenzt. Die Designer*innen haben einen großen Spielraum, in dem sie wählen können, während die Entscheidungen, die sie schließlich treffen, für die Spieler*innen zu unverrückbaren Merkmalen des Spiels werden. Die Spieler*innen betreten eine Umgebung und erleben die für sie von den Designer*innen festgelegten Interaktionsregeln und grundlegenden Anreize, ohne selbst ein Mitspracherecht dabei zu haben. Diese neue Welt unterscheidet sich nicht so stark von der realen Welt, wie man denken könnte. Wie Carter G. Woodson erkannte, sind viele unserer Entscheidungen von Entscheidungen geprägt, die jemand mit mehr Macht, als wir sie haben, vor uns getroffen hat. Die gesamte soziale Struktur übt einen Einfluss darauf aus, wie institutionelle Systeme, wie zum Beispiel Schulen, funktionieren. Und umgekehrt üben diese institutionellen Systeme Macht über die Interaktionen – Gespräche, Vorlesungen Beziehungen – aus, die in ihnen stattfinden.

Eine Spielwelt reagiert auf die Aktionen der Spieler*innen meist auf ähnliche Art: Letztere sind mit denselben Regeln, Kosten und Anreizen konfrontiert. Aber wie uns David Lewis' Gespräch zwischen Herr*in und Sklav*in in Erinnerung ruft, reagiert die soziale Welt auf verschiedene Menschen unterschiedlich. Der Artikel, in dem Lewis dieses Gespräch als Beispiel bringt, »Punktezählen in einem Sprachspiel«, beschäftigt sich mit der Frage, wie stillschweigend vorausgesetzte Regeln mit unseren früheren Entscheidungen zusammenwirken, um uns zu sagen, wie wir an einem bestimmten Punkt am besten handeln. Lewis greift auf Baseball zurück, um zu zeigen, wie klar das im Kontext eines Spieles ist: Ob die Schlagperson zur ersten Base geht, hat sowohl mit den Regeln (die zum

Beispiel festlegen, wie viele Bälle Pitcher*innen werfen können, bevor die Schlagperson losläuft) als auch mit der Entwicklung des Spiels bis zum fraglichen Zeitpunkt (wie viele Bälle bestimmte Pitcher*innen in einem bestimmten Turnus geworfen haben) zu tun.[31] Aber viele soziale Interaktionen werden von seinem früher eingeführten Beispiel, in dem Herr*innen aus dem Stehgreif Regeln für die Sklav*innen erfinden, wesentlich treffender beschrieben. Schließlich ist das Leben nicht annähernd so fair wie Baseball.

Wie wir in Kapitel 1 gesehen haben, können Menschen und Institutionen, wenn sie über genügend Macht verfügen, die Regeln des Spiels nach eigenem Gusto verändern, neugestalten oder ignorieren. Dies funktioniert bei verschiedenen Arten von Interaktion und in verschiedenen Sektoren der Gesellschaft unterschiedlich, aber beginnen wir einmal dort, wo die meisten von uns – hoffentlich – ihren Tag zu beginnen, nämlich in einem Zuhause. Im Kapitalismus, einem Kontext also, in dem Wohnen eine Ware ist, hängt die realistische Chance einer Person, eine Wohnung zu bekommen, sehr stark von den Regeln und den regelgeleiteten Aktivitäten einer kleinen Gruppe von Eliten ab: Individuellen Vermieter*innen, Wohnungsgesellschaften, der Polizei und den Datenagenturen, die Informationen zwischen diesen Gruppen hin und her fließen lassen.[32] Die Eliten haben die Ressourcen, die notwendig sind, um sich eine Unterkunft zu verschaffen, gekapert, und legen daher die Regeln fest, die bestimmen, ob und wie wir Anderen eine Wohnung bekommen oder nicht.

Was ist mit dem Rest unseres Tages? Jede*r, der oder die an irgendeiner wirtschaftlichen Aktivitäten beteiligt ist, ist damit auch in Produktionsprozesse involviert. Und hier begegnen wir einer vertrauten Geschichte der Kaperung durch Eliten wieder, deren Zeit noch nicht abgelaufen ist: Die Kapitalist*innen haben die Produktionsmittel gekapert. Das ist ja bekannt, aber es lohnt sich dennoch festzuhalten, dass sie damit zugleich auch weite Bereiche anderer menschlicher Erfahrungen gekapert haben.

31 Lewis, »Scorekeeping in a Language Game«, 344–346.

32 Abigail Higgins and Olúfẹ́mi O. Táíwò, »Enforcing Eviction«, *The Nation*, 20. August 2020, www.thenation.com/article/society/police-eviction-housing.

Die soziale Kontrolle der Kapitalist*innen über den Produktionsprozess nimmt sich so viel vom Leben und der Erfahrung der Arbeiter*innen, wie es die Arbeitgeber*innen handhaben können. Während eines Großteils der wachen Stunden der Arbeiter*innen sind es die Unternehmer*innen und nicht der Staat, die über das Recht der Beschäftigten auf Versammlungs- und Meinungsfreiheit bestimmen.[33] Das von der Soziologin Arlie Hochschild entwickelte, vielzitierte Konzept der »emotionalen Arbeit« war ursprünglich als Kommentar zu der Kontrolle gemeint, die die Vorgesetzten über die emotionalen Äußerungen der Beschäftigten ausüben.[34] Und natürlich bestimmen die Eliten auch, welchen Zugang die Arbeiter*innen zu genau jenen Produkten haben, mit deren Produktion sie nach den Regeln der Chef*innen so viel Zeit zubringen: Wenn jemand im Gesundheitssektor arbeitet, heißt das noch lange nicht, dass diese Person sich selbst eine adäquate Gesundheitsversorgung leisten kann.

Und es ist bekannt, dass auch die formalen politischen Strukturen von der Kaperung durch Eliten betroffen sind. Die Gesetze werden in immer größerem Maß beängstigend buchstäblich von den Mächtigen geschrieben: In den USA verfassen Gruppen wie der American Legislative Exchange Council (ALEC), die milliardenschwere Großunternehmen vertreten, selbst Gesetze zum Schutz ihrer Interessen, so etwa solche, die unter dem Vorwand der »nationalen Sicherheit« Proteste gegen Öl- und Gasinfrastrukturprojekte kriminalisieren.[35]

33 See Elizabeth Anderson, *Private Government: How Employers Rule Our Lives (and Why We Don't Talk about It)* (Princeton, NJ: Princeton University Press, 2017).

34 Arlie Russell Hochschild, *The Managed Heart: Commercialization of Human Feeling* (Berkeley: University of California Press, 1979).

35 Molly Jackman, »ALEC's Influence over Lawmaking in State Legislatures«, *Brookings* (Blog), 6. Dezember 2013, www.brookings.edu/articles/alecs-influence-over-lawmaking-in-state-legislatures; Alexander C. Kaufman, »4 More States Propose Harsh New Penalties For Protesting Fossil Fuels«, *HuffPost*, 20. Februar 2021, www.huffpost.com/entry/fossil-fuel-protest_n_602c1ff6c5b6c95056f3f6af; Alexander C. Kaufman, »Yet Another State Quietly Moves to Criminalize Fossil Fuel Protests Amid Coronavirus«, 8. Mai 2020, www.

Regierungsbehörden und Gerichte, die eigentlich die Exzesse des Kapitals beschneiden sollen, werden stattdessen oft einfach in dessen profitorientierte Pläne integriert – ein Prozess, den Ökonom*innen treffend als »Kaperung der Regulation« bezeichnet haben.[36]

Diese Kaperung hat üble Folgen. So ist in Nigeria die Regulierung gegenüber dem Profitmotiv so ohnmächtig, dass die Ölgesellschaften anfallende Strafgelder oft gar nicht zahlen oder gleich in ihre Geschäftspläne einpreisen. 1993 lenkte der aufsehenerregende Kampf der Ogoni, mit dem sie versuchten, den Ölkonzern Shell zur Verantwortung zu ziehen, die internationale Aufmerksamkeit auf die von Shell verursachte ökologische Krise im Niger-Delta.[37] Leider konnte diese Aufmerksamkeit am Vorgehen Shells nichts ändern, und die Forscher Enegide Chinedu und Chukwuma Kelechukwu Chukwuemeka kamen sogar zu dem Ergebnisse, dass die Öllecks bei Shell in den Jahren nach 1993 tatsächlich noch *zunahmen*.[38]

In den Medien – die von Konglomeraten beherrscht werden, die Werbung, PR und Markenfetischismus mit zivilgesellschaftlichen, sozialen, künstlerischen und pädagogischen Funktionen vermischen – dreht sich alles um Aufmerksamkeit und Beteiligung. Während diese »letzten En-

---

huffpost.com/entry/alabama-fossil-fuel-pipeline -protest-criminalize_n_5eb 590b4c5b6197b8461d550.

36 George J. Stigler, »The Theory of Economic Regulation«, *Bell Journal of Management Science* 2, Nr. 1 (1971): 3–21; Ernesto Dal Bó, »Regulatory Capture: A Review«, *Oxford Review of Economic Policy* 22, Nr. 2 (2006): 203–225.

37 »Shell Sued in UK for ›Decades of Oil Spills‹ in Nigeria«, *Al Jazeera*, 22. November 2016, www.aljazeera.com/news/2016/11/22/shell-sued-in-uk-for-decades-of-oil-spills-in-nigeria; Ike Okonta und Oronto Douglas, *Where Vultures Feast: Shell, Human Rights, and Oil in the Niger Delta* (London and New York: Verso, 2001).

38 Enegide Chinedu und Chukwuma Kelechukwu Chukwuemeka, »Oil Spillage and Heavy Metals Toxicity Risk in the Niger Delta, Nigeria«; Noah, A.O., Adhikari, P., Ogundele, B.O. und Yazdifar, H. (2021), »Corporate environmental accountability in Nigeria: an example of regulatory failure and regulatory capture«, *Journal of Accounting in Emerging Economies* 11, Nr. 1, https://doi.org/10.1108/JAEE-02-2019-0038, 70–93; Bukola Adebayo, »Major New Inquiry into Oil Spills in Niger Delta Launched«, CNN, 26. März 2019, https://www.cnn.com/2019/03/26/africa/nigeria-oil-spill-inquiry-intl/index.html.

des« oft in Kapital umgemünzt werden, haben viele Menschen dennoch das Gefühl, dass die Medien einen Zufluchtshafen bieten, in dem wir einigen der Beschränkungen, die unser Arbeits- und politisches Leben bestimmen, entkommen können.[39] Aber wie in der materiellen Ökonomie üben die Kräfte an der Spitze der Aufmerksamkeitsökonomie den größten Einfluss darauf aus, wie die entscheidenden Ressourcen, nämlich Aufmerksamkeit und Engagement, verteilt werden.

Die Entscheidungen einflussreicher Eliten (darunter auch »Influencer*innen in den sozialen Medien) über die Orte, an denen sie Zeit oder Kapital investieren, haben enorme soziale Auswirkungen, die sich dann als feste Merkmale in den Interaktionen anderer zeigen. Ihre Posts erzeugen Engagement und Aufmerksamkeit und bestimmen, welche Themen Trendsetter sind, wer auf Twitter der »main character« des Tages ist und damit auch, welche Themen derzeit der Gesprächsstoff sind. Wenn dann der große Rest von uns seine Wahl trifft, was wir uns ansehen, was wir lesen oder worauf wir antworten wollen, treffen wir diese Entscheidungen zum größten Teil in einem Kontext, der in Wirklichkeit von Eliten vorgegeben wurde.

Klingt all das ein wenig vertraut? Am Ende dieses Kapitels sollte das eigentlich der Fall sein. Die Originalität Carter G. Woodsons bestand gerade darin, dass er dieses Muster der Kaperung durch Eliten schon zu einer Zeit sah und artikulierte, die lang vor Twitter liegt. Woodson äußerte sich dazu sehr klar: »Aber die sogenannte moderne Bildung bringt – ungeachtet all ihrer Mängel – anderen so viel mehr Nutzen als den Schwarzen, weil sie zur Befriedigung der Bedürfnisse derer entwickelt wurde, die die schwächeren Völker versklaven und unterdrücken«.[40] Woodson analysierte hier, wie die von jenen, die in der Gesellschaft die Rolle der »Herr*innen« spielen, festgelegten Regeln der sozialen Interaktion die Grundstruktur der Bildung wie zum Beispiel den Common Ground der Konversationen in den Klassenzimmern bestimmten.

39 Davide Calenda and Albert Meijer, »Political Individualization: New Media as an Escape from Family Control over Political Behavior«, *Information, Communication & Society* 14, Nr. 5 (2011): 660–683.

40 Woodson, *Mis-Education of the Negro*, 20–21.

Aber es geht hier um mehr als Konversation. Tatsächlich sind ganze Bereiche des sozialen Lebens von den Leuten an der Spitze gekapert worden. Diese Kaperung ist in die Verhaltensregeln eingebaut, die auf das koloniale Eigentum zurückgehen. In Bezug auf die Klarheit ihrer Anreize ähnelt die Akkumulation des Kapitals sehr stark einem Spiel und dessen Elite-Spieler*innen haben die Welt über mehrere Jahrhunderte hinweg so umgestaltet, dass immer mehr Aspekte dieser Welt Teil eines Spiels wurden, das nach den Regeln des Kapitals gespielt werden kann. Am Ende spielen die meisten Menschen zwangsläufig mit, weil die Welt, die wir auf der Ebene der individuellen Interaktion vorfinden, eine Welt voller Entscheidungen, Strafen und Belohnungen ist, die nur aus kapitalistischer Sicht einen Sinn ergeben.

Ganz gleich, ob menschliche Manager*innen oder von Konzernen wie Uber zur Bewertung ihrer Fahrer*innen eingesetzte Algorithmen den jeweiligen Angestellten die Anweisung geben, die Kund*innen anzulächeln – das Lächeln wird von nun an zu einer Handlung, die für sie sinnvoll ist, weil das Mitspielen dabei die sicherste Strategie ist, das eigene Ziel zu erreichen, nämlich den Gehaltsscheck.

Ganz gleich, ob Beamt*innen der nigerianischen Regulierungsbehörde für die Ölindustrie Bestechungsgelder bekommen, damit sie bestimmte Dinge ignorieren, oder ob sie gewissenhaft ein System von Strafgeldern und Gebühren entwickeln, von dem sie wissen, dass es ohnehin unwirksam sein wird – auch sie spielen das Spiel mit.

Ganz gleich, ob Student*innen in ihren Seminaren lieber nicht über ihre eigene Geschichte schreiben, weil sie den Professor*innen glauben, die behauptet haben, Schwarze Menschen hätten keine erwähnenswerte Geschichte, oder ob sie dies nicht tun, weil sie bemerken, dass die erfolgreichen Student*innen immer über Themen aus der Geschichte der Weißen schreiben, oder weil sie schlicht keine Bücher über Schwarze Geschichte finden können – auch sie spielen dabei immer ein Spiel mit, in dem es um einen kurzfristigen Gewinn für sie selbst geht, und folgen Regeln, die von jemand anderem gemacht wurden.

Das Ziel des Spiels mag für alle Mitspieler*innen im tiefsten Sinn und irreduzibel persönlich sein und es mag dabei um Selbstachtung, Sicherheit oder das Leben selbst gehen, aber die Regeln und der Kontext, die bestimmen, welches Vorgehen sinnvoll ist, wurden von anderen geschaffen, die von dem Ergebnis dieser manipulierten Systeme profitieren.

Der sogenannte Common Ground ist auf dieselbe Art gekapert worden wie die Regulierung der Infrastruktur der Ölindustrie. Es handelt sich bei ihm ja schließlich nur um »öffentliche Informationen«: Dinge, die wir gemeinsam als wahr betrachten.

Wir verwenden öffentliche Informationen, um bestimmte Dinge zu tun – um zu kommunizieren, sicher, aber auch, um alles andere zu tun, was wir zusammen tun.[41] Die Philosophinnen Kristie Dotson und Saray Ayala vertreten die Meinung, dass es sich hier nicht so sehr um eine Struktur von *Überzeugungen* handelt, sondern um eine Struktur »gemeinsamer epistemischer Ressourcen« und »Möglichkeiten«: Dinge, die in unsere soziale Lebenswelt eingebaut sind und die wir verwenden können, um gemeinsam zu handeln.[42] Wenn wir handeln, als seien die Informationen im Common Ground wahr, tun wir das hauptsächlich aus demselben Grund, aus dem wir auf Gehwegen gehen – es ist am einfachsten, und genau darum sind sie ja da.

So verstanden ist der Common Ground nur der Aspekt der sozialen Welt, die wir mit Worten und Taten immer wieder neu aufbauen, der mit Informationen zu tun hat. Und wenn wir diesen Common Ground erfolgreich infrage stellen, verändern wir damit auch die soziale Welt selbst.[43]

---

41 Saray Ayala, »Speech Affordances: A Structural Take on How Much We Can Do with Our Words«, *European Journal of Philosophy* 24, Nr. 4 (2016): 879–891; Táíwò, »Empire Has No Clothes«.

42 Ayala, »Speech Affordances«; Kristie Dotson, »Conceptualizing Epistemic Oppression«, *Social Epistemology*, 2014.

43 Siehe Kukla und Lance, *»Yo!« and »Lo!«*

DREI

Im Raum sein

*»Indem sie akzeptierten, sich wie Schafe leiten zu lassen, perpetuierten die europäischen Arbeiter*innen ihre eigene Versklavung durch die Kapitalisten.* [...] *Sie versäumten es, sich ein unabhängiges Urteil über die großen Fragen von Krieg und Frieden zu bilden und schlachteten so am Ende nicht nur die Kolonialvölker, sondern auch sich selbst ab.«*

Walter Rodney, *Wie Europa Afrika unterentwickelte*[1]

*»Zweifellos hat die Unterschätzung der kulturellen Werte der afrikanischen Völker, die auf rassistischen Haltungen und der Absicht basiert, die Ausbeutung der Afrikaner*innen durch das Ausland fortzusetzen, Afrika viel Schaden zugefügt. Aber angesichts der Tatsache, dass wir dringend Fortschritt brauchen, sind die folgenden Haltungen oder Verhaltensweisen nicht weniger schädlich für Afrika: wahllose Lobhudelei, ständiges Hochspielen von Verdiensten ohne Kritik von Schwächen, blinde Übernahme kultureller Werte, ohne sich zu fragen, welche rückschrittlichen Elemente sie enthalten oder bald enthalten könnten, Verwechslung von dem, was Ausdruck einer objektiven und materiell-historischen Realität ist, mit offenkundigen Hirngespinsten oder Produkten eines speziellen Temperaments.«*

Amílcar Cabral, *Return to the Source*[2]

---

1 Walter Rodney, *Wie Europa Afrika unterentwickelte.* Mit Beiträgen von Bafta Sarbo, Peluola Adewale und René Arnsburg, übersetzt von Andreas Brandl (Berlin: Manifest, 2023). S. 304.

2 Amílcar Cabral, *Return to the Source: Selected Speeches of Amílcar Cabral* (New York: Monthly Review Press, 1973), 51.

Das vorige Kapitel könnte frustrierend gewesen sein: All das Gerede über gesellschaftliche Strukturen, aber wie steht es mit unseren eigenen Entscheidungen? Ist es denn nicht wichtig, wie ich mich entscheide, die Spiele zu spielen, die das Leben mir anbietet? Habe ich denn nicht die Freiheit, die Menschen um mich herum zu achten, auch wenn die Gesellschaft mir einredet, ich sollte das nicht tun – und bin ich denn nicht selbst schuld, wenn ich es nicht tue, auch wenn die Gesellschaft dieses Versagen fördert? Wie haben es die Eliten geschafft, *alles* zu kapern? Und wenn sie das geschafft haben, was ist dann noch übrig? Wie können wir in einer Welt gewinnen, die so durch und durch manipuliert und gekauft ist?

Ja, einige Formen des Widerstands gegen manipulierte Spiele sind eine Sackgasse. Entweder sie werden von den Architekt*innen des Spiels vorhergesehen, oder der Aufstand gegen die Maschinerie bringt nur marginale Verbesserungen, oder der Widerstand macht alles noch schlimmer.

Wir *können* mehr tun, als Widerstand zu leisten. Wir können es besser machen. Aber bevor wir eine sinnvolle Diskussion über eine solche Taktik führen können, müssen wir uns vor allem erst einmal darüber klarwerden, in welchem Raum die Diskussion stattfindet.

Was ist zum Beispiel mit jetzt? Wie sind sie Sie und ich an diesen Punkt gekommen, sodass wir jetzt über diese Seite in einem Buch miteinander interagieren?

Ich hätte ja wie viele andere Leute auf der Welt einfach ganz für mich viel über diese Themen lesen und nachdenken können. Oder ich hätte mit meinen Freund*innen und Kolleg*innen darüber reden können. Aber das hätte mir nicht die Macht gegeben, *zu Ihnen* zu sprechen.

Aufgrund der Regeln des rassifizierten Kapitalismus haben nur wenige von all den Tausenden oder Millionen von Menschen auf der Welt, die ein gewisses Verständnis von der Kaperung durch Eliten gewonnen haben, die Möglichkeit, einen Raum zu betreten, in dem Sie, liebe Leser*innen, sich bereits befinden und bereit sind, sich mit solchen Gedanken zu beschäftigen. Vielleicht befinden sich ja mein Buch und die Gedanken darin nur aufgrund dieser Regeln mit Ihnen in ein und demselben Raum. Aber vielleicht ist dieses Buch auch trotz dieser Regeln zusammen mit Ihnen hier. Vielleicht beschränken uns die Regeln gar nicht ganz so sehr, wie ich es eben angedeutet habe.

Die Aktivistin und Revolutionärin Lilica Boal begriff den Unterschied zwischen den Regeln, die uns sagen, wer wir sein sollen, und den tatsächlichen Entscheidungen, die wir treffen, wenn wir handeln. Sie war nämlich die Art von Person, die gelegentlich vom Skript abweicht und sich auch in Räume begibt, in denen sie eigentlich nichts zu suchen hat.

Im Juni 1961 fand sich die junge Studentin aus Kap Verde in einem Raum wieder, in dem sie definitiv nicht hätte sein sollen: in einem spanischen Gefängnis.

Lilica hätte es besser wissen müssen. Sie wurde 1934 in der Stadt Tarrafal auf der kapverdischen Insel Santiago geboren, zwei Jahre, bevor die Vertreter*innen des portugiesischen Imperiums die Colónia Penal no Tarrafal (die Strafkolonie Tarrafal) erbauen ließen, in dem antifaschistische Gegner*innen des diktatorischen Regimes Portugals untergebracht wurden. Den Boals ging es im Vergleich zu anderen Bewohner*innen von Kap Verde, besonders den anderen Schwarzen Menschen, recht gut: Lilicas Eltern waren vermögende Kaufleute und zu ihren Kund*innen gehörte auch die Strafkolonie.

Ein solcher Status war gar nicht so leicht zu erreichen. Die portugiesische Kolonialbürokratie hatte sich über Jahrhunderte hinweg mit den Plantagenbesitzer*innen verbündet, um den Kapverder*innen das Eigentum an nautischen Fahrzeugen zu verwehren, wodurch die Bevölkerung von der Nahrungsmittelsicherheit und den wirtschaftlichen Möglichkeiten der beträchtlichen marinen Ressourcen des Archipels ausgeschlossen wurde. Dieser Schritt ging nicht nur auf Portugals jahrhundertelange Verwendung der Inseln als Zwischenstation im transatlantischen Sklavenhandel zurück, sondern auch darauf, dass das Reich dort verbannte Kriminelle, aus politischen Gründen Deportierte und meuternde Soldaten internierte. Die Kapverdischen Inseln fungierten als Gulag des portugiesischen Imperiums.[3]

3 George E. Brooks, »Cabo Verde: Gulag of the South Atlantic: Racism, Fishing Prohibitions, and Famines«, *History in Africa* 33 (2006): 101, https://doi.org/10.1353/hia.2006.0008.

Lilica erinnert sich noch an die Ankunft von Lastwagen voller Gefangener am Gefängnis, das mit Blenden versehen war, damit man von außen nicht sehen konnte, wer inhaftiert war. Niemand sprach darüber, aber alle sahen es: Die Haftanstalt war eine ständige Erinnerung an den Preis, den man für jede Auflehnung gegen das Imperium zahlen musste.[4]

Es gab noch weitere Ereignisse in Lilicas Kindheit, an die sie sich sehr deutlich erinnerte, nämlich die verheerenden Hungersnöte von 1941 bis 1943 und 1947/1948, denen über 45.000 Menschen zum Opfer fielen.[5] Das waren die letzten in einer ganzen Kette von ähnlichen Hungersnöten auf den Kapverden im Lauf der Jahrhunderte. Diese Perioden extremer Nahrungsknappheit wurden oft Dürreperioden zugeschrieben, aber die Realität war komplexer und dazu gehörten auch gänzlich menschengemachte Ursachen. Das niedrige Niveau der Nahrungsproduktion auf dem Land war Resultat der Erschöpfung und Erosion des Bodens, die wiederum auf Jahrhunderte nicht nachhaltiger Landwirtschaft und Weidepraktiken auf den Plantagen der Insel zurückgingen.[6] Die Verwundbarkeit der Kapverder*innen durch diese landwirtschaftlichen Probleme wurde außer durch die Unterdrückung durch Portugal noch durch die erwähnte Tatsache verstärkt, dass die Kolonialmacht ihnen den Besitz von Booten untersagte, die ihnen eine Ergänzung der Agrarproduktion durch Fisch und Meeresfrüchte erlaubt hätten.[7]

Diese menschengemachte Verwundbarkeit durch Hungersnöte war über Jahrhunderte hinweg aufs Engste mit der rassistischen Hierarchie verbunden, die auf den Inseln herrschte. An der Spitze der Hierarchie stand die kleine Minderheit der in Portugal geborenen »superweißen« *brancos*, die in der Regel den Gouverneur, die obersten Militäroffiziere und die Oberschicht der Geistlichkeit stellten. Direkt darunter befan-

4 Lilica Boal, »Mulheres de Abril: Testemunho de Lilica Boal«, *Esquerda*, 24. November 2019, https://www.esquerda.net/artigo/mulheres-de-abril-testemunho-de-lilica-boal/64575.

5 Brooks, »Cabo Verde«, 134.

6 Brooks, »Cabo Verde«, 107, 111.

7 Brooks, »Cabo Verde«, 107.

den sich die *brancos da terra*, auf den Inseln geborene Weiße, die von den eingesessenen weißen *morgado*-Familien geführt wurden, denen die portugiesische Krone große Grundstücke zugeteilt hatte. Diese Großgrundbesitzer*innen bildeten weniger als fünf Prozent der Bevölkerung der Inseln, besaßen oder kontrollierten aber fast das gesamte kultivierbare Land. Unter ihnen standen die mixed-race *pardos*, die manchmal versklavt, oft jedoch frei waren und denen dann einige der Privilegien der *brancos* wie die Erlaubnis zum Tragen europäischer Kleidung zugestanden wurden. Am untersten Ende der Hierarchie befanden sich die Schwarzen *pretos*. Versklavte *pretos* mussten häufig sechs Tage in der Woche arbeiten, wodurch ihnen nur noch ein einziger Tag zum Anbau ihrer eigenen Nahrung übrigblieb; freie *pretos* dagegen wurden in Pachtverhältnisse gedrängt, die in vielerlei Hinsicht der offenen Sklaverei ähnelten. Selbst nach der Abschaffung der Sklaverei 1864, mit der ein wichtiger rechtlicher Pfeiler dieser Sozialstruktur beseitigt wurde, korrelierte der Hungertod auch weiterhin mit dem Status innerhalb dieser Hierarchie: *brancos* und *pardos* besaßen im Gegensatz zu den *perdos* oft Obsthaine, Gärten oder Wertgegenstände, die sie verkaufen konnten, wenn eine Krise ausbrach – wie es alle paar Jahrzehnte tatsächlich der Fall war.[8]

Wenn sie Hilfe aus dem Ausland erhalten hätten, hätten die Kapverder*innen vielleicht auch mit den beiden Hungersnöten fertig werden können, aber in den 1940er Jahren war das portugiesische Imperium in ein Stadium eingetreten, das der Historiker Alexander Keese als »Dynamik der maximalen Ausbeutung der Kolonialvölker« bezeichnet. Das Imperium war gleichgültig gegenüber dem Leid in den Kolonien und investierte praktisch nichts in elementare Infrastruktur oder Verwaltungskapazitäten, und aufgrund dieses Verhaltens litten die Menschen auf den Kapverden zwangsläufig enorm unter diesen Krisen.[9] Lilica weiß noch, wie die portugiesische Kolonialverwaltung auf einen Hilferuf

8 Brooks, »Cabo Verde«, 107–111.

9 Alexander Keese, »Managing the Prospect of Famine: Cape Verdean Officials, Subsistence Emergencies, and the Change of Elite Attitudes During Portugal's Late Colonial Phase, 1939–1961«, *Itinerario* 36, Nr. 1 (2012): 51.

des Gouverneurs von Kap Verde reagierte. Sie schickte umgehend Geld an die Inseln – zum Ausbau des Friedhofs von Tarrafal.[10]

Und sie erinnert sich noch an einige weitere Dinge: die Leichen der Verhungerten in den Straßen, die Schüsseln mit Essen, die ihre Familie verteilte, um ihre Nachbar*innen mit Nahrung zu versorgen. Aber sie erinnert sich auch an die Distanz, die sie und die Familien der Gefängniswärter gegenüber dem um sie herum stattfindenden Kampf empfanden.[11] Das änderte sich, als ihre Familie Besuch von einer weißen Familie aus Portugal bekam.

Luís Alves de Carvalho und Dona Herculana waren in Tarrafal genauso am falschen Ort wie Lilica Boal es später in Lissabon sein sollte. Sie stammten aus der portugiesischen Großstadt Porto, wo Luís als Börsenmakler arbeitete. Aber was sie zu ihrem Besuch in der Kleinstadt Tarrafal veranlasste, war keine geschäftliche Angelegenheit, sondern das Gefängnis: Ihr Sohn Guilherme da Costa Carvalho, ein junger Antifaschist, saß dort in Haft.[12]

Es gab in der Stadt kein Hotel und nicht einmal ein Restaurant, aber ein gemeinsamer Geschäftspartner hatte Luís von Lilicas Familie erzählt, und diese nahm das Paar bei sich auf. Und von dort aus besuchten die beiden Gäste aus Portugal dann ihren Sohn – und seine antifaschistischen Genoss*innen – im Gefängnis.

Einige Zeit nach der Rückkehr von Guilhermes Eltern nach Portugal erhielt Lilica das seltene Privileg, an einem Kolleg in Portugal aufgenommen zu werden. Dort wurden die Carvalhos zu Lilicas zweiter Familie. Als Guilherme von Tarrafal in ein Gefängnis in Peniche in Portugal verlegt wurde, begann Lilica, ihn dort zu besuchen.[13]

Nicht zuletzt durch diese Besuche lernte Lilica immer mehr Linke in Portugal kennen. Neben den inhaftierten Antifaschist*innen, die sie bei ihren Besuchen bei Guilherme direkt oder durch Erzählungen kennenlernte, machten Luís und Dona sie auch mit Mitgliedern der

---

10 Boal, »Mulheres de Abril«.

11 Boal, »Mulheres de Abril«.

12 Boal, »Mulheres de Abril«.

13 Boal, »Mulheres de Abril«.

Kommunistischen Partei Portugals wie Virgínia Moura and Maria Cal Brandão bekannt. Außerdem organisierten sie Zusammenkünfte der Familien der politischen Gefangenen.[14] Später begegnete Lilica Manuel Boal, einem Medizinstudenten aus Angola; die beiden heirateten und kurz darauf wurde ihre Tochter Sara geboren.

Zu den wohl wichtigsten dieser Begegnungen kam es nach 1960, als Lilica, die zuvor an der Universität Coimbra in der Zentralregion Portugals studiert hatte, zum Studium nach Lissabon zog, wo sie sich häufig im Casa dos Estudantes do Império (CEI – Haus der Studierenden des Imperiums) aufhielt. Dort trafen Student*innen aus den portugiesischen Afrikakolonien Angola, Mosambik, São Tomé und Guinea-Bissau zusammen, um die Lage in ihren Ländern zu diskutieren und herauszufinden, welchen Beitrag zum antikolonialen Kampf sie leisten konnten. Sie kamen zu dem Ergebnis, dass dieser Beitrag, wie immer er aussehen mochte, nicht von Lissabon aus erfolgen konnte. So beschlossen sie, insgeheim das Land zu verlassen und in ihre Heimatländer zurückzukehren – es war die »Flucht in den Kampf«. Für Lilica und Manuel war das eine besonders schwierige Entscheidung, da ihre Tochter erst 17 Monate alt war, aber die beiden beschlossen, Sara zu Lilicas Mutter in Tarrafal zu schicken und sich dem Widerstand anzuschließen.

Lilica und Manuel packten ein, was in einen kleinen Koffer passte, und machten sich zusammen mit andere Student*innen, die sie aus dem CEI kannten, auf den Weg. Sie schafften es bis zur spanischen Grenze, wo sie für die Überfahrt auf einem kleinen Schmugglerboot bezahlten, aber ertappt wurden und dann zwei Tage in einem spanischen Gefängnis verbrachten. Die portugiesische Polizei ersuchte ihre spanischen Kollegen um Auslieferung an die portugiesischen Behörden, aber der Conselho Ecumenico das Igrejas (Ökumenischer Rat der Kirchen) übte Druck auf die spanischen Behörden aus, die Student*innen nach Frankreich weiterreisen zu lassen. So landeten das Paar und seine Genoss*innen schließlich in Deutschland, wo sie an Bord eines vom

14 Boal, »Mulheres de Abril«.

Premierminister Ghanas, Kwame Nkrumah, geschickten Flugzeuges gingen, das die Student*innen nach Ghana flog.[15]

Es sah zunächst nicht so aus, als könnten sie viel zur Befreiung ihrer Heimatländer beitragen. Aber der Schein trog. Lilica spielte später eine wichtige Rolle im revolutionären Kampf der Kapverden und Guinea-Bissaus gegen das portugiesische Imperium und beim späteren Aufbau einer Nation. Dabei trug sie sowohl zur Planung der militärischen Strategie als auch zur Entwicklung der Programme der Bewegung im Bereich der Bildung und der Schaffung von solidarischen internationalen Beziehungen bei.[16]

Die Politik der Rücksichtnahme

Angesichts der Geschichte der Kapverden und Guinea Bissaus und der tiefen Spaltungen aufgrund von race, Geschlecht, Klasse, Religion und anderen Faktoren, die die Menschen an diesen Orten voneinander getrennt hielten, ist rückblickend kaum vorstellbar, wie dort überhaupt ein revolutionärer Kampf entstehen sollte, der dann auch noch Erfolg hatte. Die Regeln der sozialen Interaktion schienen hier jede Form nachhaltiger Solidarität auszuschließen. Wenn Lilica dem vorgesehenen sozialen Drehbuch gefolgt wäre, hätte sie sich praktisch unmöglich einer Organisation wie der Partido Africano para a Independência da Guiné e Cabo Verde (PAIGC; Afrikanische Unabhängigkeitspartei von Guinea und Kap Verde) anschließen und dann auch noch in eine Führungsposition in ihr aufsteigen können.

Aber ich wollte im vorigen Kapitel nicht behaupten, dass wir aufgrund der Geschichte und der sozialen Strukturen machtlos sind. Ich wollte nur klarstellen, dass ein Großteil des Spiels schon gespielt wurde, bevor die Gesellschaft uns an die Spielkonsole lässt. Dennoch behalten wir selbst innerhalb der Mechanismen eines so gravierend manipulierten Spiels immer noch ein bedeutendes Maß an Macht und Verantwortung.

---

15 Boal, »Mulheres de Abril«.

16 Boal, »Mulheres de Abril«; António Tomás, *Amílcar Cabral: The Life of a Reluctant Nationalist* (London: Hurst & Co., 2021), 127–128.

Eine der Möglichkeiten, auf dieses manipulierte Spiel zu reagieren, besteht darin, sich darauf zu konzentrieren, wo wir uns bereits befinden. Die Geschichte hat die Räume um uns herum geschaffen; wir finden uns an Orten und mit Menschen, Ressourcen und Anreizen wieder, die wir nicht gewählt haben.

Die ersten Regeln, denen wir zu folgen lernen, sind die Regeln für den Raum, in dem wir sind. Diese Regeln wurden von den bestehenden Mächten festgelegt, einschließlich der Regeln, die darüber bestimmen, wo sich die Ressourcen befinden und wer Zugang zu ihnen erhält. Wie wir im vorigen Kapitel gesehen haben, legen diese Mächte sogar die Regeln dafür fest, wie unsere Umwelt auf unser Handeln reagiert, und diese Umwelt steht uns häufig feindlich gegenüber. Aber trotz alledem haben diese Mächte keine direkte Kontrolle über unsere Handlungen. Hier gibt es also einen gewissen Freiraum.

In unseren zwischenmenschlichen Interaktionen in den Räumen unseres Alltagslebens können wir aufgrund von Regeln handeln, denen wir aktiv zustimmen – egal, was die Regeln des Kaisers sind. Wir können vielleicht nicht kontrollieren, wie der Raum auf unsere Ansprache reagiert, aber wir *können* sprechen. Wir können auch beschließen, nicht zu sprechen oder andere im Raum einzuladen, zu sprechen, oder uns ihrer Führung anzuvertrauen.

Das sind die Möglichkeiten, an denen die Politik der Rücksichtnahme ansetzt: Sie betrachtet es als einen Schritt zur Gerechtigkeit, zwischenmenschliche Interaktionen im Einklang mit den wahrgenommenen Wünschen der Marginalisierten zu modifizieren. Diese Perspektive der Rücksichtnahme liegt nicht ganz falsch, ist jedoch potenziell auch beschränkend und irreführend. In einem solchen Spiel ist es viel schwieriger, als es uns bewusst ist, Aktionen zu vermeiden, die die Kaperung durch Eliten und weitere repressive Aspekte unserer sozialen Struktur sogar noch verstärken – selbst, wenn wir dabei Strategien verwenden, die die Machtverteilung in dem Raum, in dem wir uns befinden, richtig identifizieren.

Schließlich verfügen ja manche Räume über wesentlich mehr Macht und Einfluss als andere: der Besprechungsraum des Weißen Hauses, die Nachrichtenredaktion, der Verhandlungstisch, das Konferenzzimmer.

In einem *dieser* Räume zu sein bedeutet, dass unsere Worte und Handlungen auf die Institutionen und die umfassendere soziale Dynamik außerhalb des Raumes einen gewissen Einfluss haben. In einem solchen Raum zu sein, ist schon an sich ein gewisser sozialer Vorteil, der außerdem oft durch einen weiteren, schon vorher bestehenden sozialen Vorteil erlangt wurde.

Ein typisches Beispiel für die Politik der Rücksichtnahme ist die Forderung, »denen zuzuhören, die am meisten betroffen sind«, oder »die Marginalisiertesten ins Zentrum zu rücken«, eine Forderung, die derzeit in akademischen und aktivistischen Kreisen allgegenwärtig ist. Mir war bei solchen Forderungen schon immer unbehaglich, weil ich sowohl als Akademiker als auch als Organisator die Erfahrung gemacht habe, dass Leute, die sagten, man müsse »denen zuhören, die am meisten betroffen sind«, dabei meist nicht daran dachten, Skype-Konferenzen mit Menschen in Flüchtlingslagern zu organisieren oder mit wohnungslosen Menschen zusammenzuarbeiten. Nach dieser Konzeption, »die Marginalisiertesten ins Zentrum zu rücken«, zu handeln, würde – in einer Welt, in der 1,6 Milliarden Menschen in Slums und anderen prekären Wohnverhältnissen leben und 100 Millionen Menschen obdachlos sind, in der ein Drittel der Weltbevölkerung keinen regelmäßigen Zugang zu Trinkwasser hat, in der die unsichere Versorgung mit Nahrung, Wasser und Energie sowie die heraufziehende Klimakrise allein in Südasien 8,5 Millionen Menschen aus ihrer Heimat vertrieben haben und die Entwurzelung von mehreren zehn Millionen weiteren Menschen droht – einen ganz anderen Ansatz notwendig machen.[17] Dieser würde zuallermindest erfordern, dass man den eigenen Raum verlässt.

Tatsächlich lief die Politik, »die Marginalisiertesten ins Zentrum zu rücken«, meiner Erfahrung nach meist darauf hinaus, die Autorität über

17 World Health Organization, »1 in 3 People Globally Do Not Have Access to Safe Drinking Water – UNICEF, WHO«, Pressemitteilung, 18. Juni 2021, https://www.who.int/news/item/18-06-2019-1-in-3-people-globally-do-not-have-access-to-safe-drinking-water-unicef-who; United Nations, »Affordable Housing Key for Development and Social Equality, UN Says on World Habitat Day«, 2. Oktober 2017, https://news.un.org/en/story/2017/10/567552-affordable-housing-key-development-and-social-equality-un-says-world-habitat.

das Gespräch und die Aufmerksamkeit an Personen zu delegieren, die schon im Raum sind und die in eine soziale Kategorie zu passen scheinen, die mit irgendeiner Form von Unterdrückung assoziiert ist – und zwar gänzlich unabhängig von ihren tatsächlichen Erfahrungen oder ihrem tatsächlichen Wissen über das zur Debatte stehende Thema. Selbst in Räumen, in denen einiges auf dem Spiel stand – in denen angehende Forscher*innen diskutierten, wie ein bestimmtes soziales Phänomen zu verstehen sei, oder Aktivist*innen Beschlüsse über ihr weiteres Vorgehen fassten – haben die Regeln der Rücksichtnahme oft dazu geführt, dass das Gespräch im selben Raum verblieb, zu dem die meistbetroffenen Menschen auch weiter keinen Zugang hatten.

Diese besondere Form von Politik der Rücksichtnahme hat ihren Ursprung in einer theoretischen Richtung, die als Epistemologie des Standpunkts oder Standpunkt-Theorie bezeichnet wird. Sie wurde in den 1970er Jahren in feministischen Kreisen populär und hat seitdem einen maßgeblichen Einfluss auf das Denken vieler Aktivist*innen und Akademiker*innen ausgeübt.[18] Zu ihr gehören drei Ideen, gegen die auf den ersten Blick nichts einzuwenden ist:

1) Wissen ist sozial situiert,
2) marginalisierte Menschen haben einige Vorteile beim Erwerb bestimmter Wissensformen und
3) Forschungsprogramme (und andere Formen menschlicher Aktivität) sollten diese beiden Tatsachen widerspiegeln.

All das sollte eigentlich nicht kontrovers sein. Liam Kofi Bright meint, diese drei Punkte folgten eigentlich aus jeder ernsthaften empirischen Philosophie.[19] Sie sind außerdem auch politisch wichtig, weil sie auf

---

18 Briana Toole, »Demarginalizing Standpoint Epistemology«, *Episteme* 1 (2020): 19; Briana Toole, »From Standpoint Epistemology to Epistemic Oppression«, *Hypatia* 34, Nr. 4 (2019): 598–618; Internet Encyclopedia of Philosophy, »Feminist Standpoint Theory,« *Internet Encyclopedia of Philosophy*, https://iep.utm.edu/fem-stan/.

19 Liam Kofi Bright, »Empiricism Is a Standpoint Epistemology«, *The Sooty Empiric* (Blog), Juni 2018, https://sootyempiric.blogspot.com/2018/06/empiricism-is-standpoint-epistemology.html.

den Wert gelebter Erfahrung und des Wissens verweisen, das daraus resultiert. Also sollten diesen Ideen uns doch eigentlich dabei helfen, uns gegen die Kaperung durch Eliten zu wehren und sie zurückzudrängen. Sie sollten eine Grundlage dafür liefern, Wissen zu respektieren, das die herrschenden Institutionen gern diskreditieren würden.

Aber der Teufel steckt nun einmal im Detail. Die gängigen Formen der Umsetzung dieser abstrakten Ideen in die Praxis fordern die Rücksichtnahme auf Andere im Kontext von Gesprächen, um für die angemessene Verteilung von Aufmerksamkeit zu sorgen: Wir sollen das Mikrofon weiterreichen, marginalisierten Menschen glauben und ihnen Anerkennung zuteilwerden lassen.

Die Motive sind lobenswert und das Vorgehen selbst im jeweiligen Rahmen oft angebracht. Aber abgesehen davon, dass Unterdrückung – Rassismus, Ableismus, Fremdenfeindlichkeit, Patriarchat und so weiter – oft von bestimmten Haltungen und zwischenmenschlichen Dynamiken begleitet ist, hat sie außerdem ernste *materielle* Konsequenzen. Diese ungerechten Strukturen entscheiden darüber, wer zuverlässigen Zugang zu grundlegender zwischenmenschlicher Sicherheit, Wohnraum, Gesundheitsversorgung, Wasser und Energie hat. Wenn wir etwas gegen Unterdrückung unternehmen wollen, müssen wir uns mit all diesen Folgen von Ungerechtigkeit – sowohl den ideologischen als auch den materiellen – auseinandersetzen.

Die Politik der Rücksichtnahme konzentriert sich jedoch auf die Folgen, die am wahrscheinlichsten in den Räumen auftreten, die der bevorzugte Interaktionsort von Eliten sind: Seminarräume, Konferenzzimmer, politischen Parteien. Infolgedessen scheint sie uns wesentlich mehr und spezifischere praktische Ratschläge zu Fragen wie der zu liefern, wie man Aufgaben in einer Ausschusssitzung verteilt, als dazu, wie man Menschen am Leben halten kann.

Wenn Rücksichtnahme zur Hauptrichtschnur der politischen Orientierung wird, kann sich das auch gegen die Interessen marginalisierter Gruppen auswirken. Wir sind von einem Diskurs umgeben, der die ungerechte Verteilung von Aufmerksamkeit an der Auswahl von Sprecher*innen und Büchern festmacht, die die Marginalisierten repräsentieren sollen, statt sich auf das Agieren der Unternehmen und Algorithmen zu konzentrieren, die hierauf einen wesentlich größeren Einfluss haben. Diese Art von Diskurs beteiligt sich letztlich an der Instrumentalisierung von Aufmerksamkeit im Dienst der Marginalisierung. Er lenkt den geringen Einfluss, den wir auf die Aufmerksamkeitsökonomie haben, auf symbolische Orte der Macht statt auf die politischen Kernfragen, die erklären, warum unsere Gesamtsituation so furchtbar ist.

Eine kleine Reise in die jüngere Geschichte liefert uns ein gutes Beispiel für die Möglichkeiten und Grenzen der Politik der Rücksichtnahme. 2007 kämpfte Barack Obama um die Präsidentschaftskandidatur der Demokrat*innen bei den Wahlen von 2008. Er hatte gerade zwei der ersten Vorwahlen gegen seine Kontrahentin Hillary Clinton verloren. Danach hielt er in Greenwood im Bundesstaat South Carolina vor einer kleinen Schar von Anhänger*innen eine Rede, bei der er erschöpft und entmutigt wirkte. Plötzlich rief eine Anhängerin im Publikum, Edith S. Childs, aufgeregt in die Menge: »Fired up, ready to go!« Die Menschen um sie herum wiederholten die Parole und die Energie der Menge stieg an. Nachdem ein von Neuem energiegeladener Barack Obama in South Carolina haushoch gegen Clinton gewann, wurden diese fünf Worte zu einem der Slogans der Kampagne, die den jungen Senkrechtstarter bis ins Weiße Haus beförderte.[20]

Zwei Jahre später befand sich Präsident Barack Obama erneut auf einem Werbefeldzug, der ihn auch nach Minneapolis, Minnesota, führte. Dabei verteidigte er seiner Bemühungen um einen erweiterten Zugang zur Krankenversicherung. Der Präsident erklärte, er sei »schon immer überzeugt gewesen, dass Veränderung nicht von oben nach unten, sondern von unten nach oben kommt. […] Sie beginnt damit, dass ihr eure

20 Priscilla Frank, »Touching Animation Recounts Story of Obama's ›Fired Up, Ready To Go‹ Chant«, *HuffPost*, 19. Januar 2017, https://www.huffpost.com/entry/animated-film-obama-fired-up_n_5880ebd4e4b0e3a73567767e; Byron Tau, »The Story of ›Fired up! Ready to Go‹«, *Politico*, 4. April 2012, https://www.politico.com/blogs/politico44/2012/04/the-story-of-fired-up-ready-to-go-119612; Jeff Zeleny und Michael M. Grynbaum, »Obama Wins South Carolina Primary«, *New York Times*, 26. Januar 2008, https://www.nytimes.com/2008/01/26/us/politics/26cnd-carolina.html.

Geschichten miteinander teilt und für etwas Besseres kämpft.«[21] Aber was heißt Veränderung »von unten nach oben« in diesem Kontext? Der Präsident drückte sich hier sehr klar aus: »Es zeigt uns, dass eine einzelne Stimme einen Raum verändern kann. Und wenn sie einen Raum verändert, kann sie auch eine Stadt verändern. Und wenn sie eine Stadt verändern kann, kann sie einen Staat verändern. Und wenn sie einen Staat verändern kann, kann sie die ganze Nation verändern. Wenn sie die Nation verändert, kann sie auch die Welt verändern.« Der Präsident präsentierte hier also ein Modell von Veränderung, in dem diese sich durch genehmigte Kanäle und Hierarchien ausbreitet, an deren Spitze am Ende er selbst steht.

Wenn wir es mit Politiker*innen und formaler parlamentarischer Politik zu tun haben, sind wir automatisch sehr skeptisch, wenn Eliten zynisch Bilder wie »von unten nach oben« verwenden. Aber wie die politische Theoretikerin Jo Freeman bemerkt hat, sind auch unsere eigenen Räume nicht frei von diesem Phänomen.[22] Freeman zufolge gibt sich jede Gruppe interagierender Menschen bewusst oder unbewusst die ein oder andere Art von Struktur, und daher stellt sich letztlich nur die Frage, in welcher Form diese Struktur über die Verteilung von Ressourcen, Verantwortlichkeiten, Aufmerksamkeit und Macht bestimmt.

Eliten aus marginalisierten Gruppen können auf Arten von Rücksichtnahme profitieren, die zumindest mit sozialem Fortschritt vereinbar sind, besonders, wenn wir anschließend die richtigen Maßnahmen ergreifen. Aber eine Behandlung der Interessen dieser Eliten, als spiegelten sie notwendigerweise oder auch nur wahrscheinlich die Interessen der breiteren Gruppe wider, zeugt von einer Naivität, die wir uns nicht leisten können. Hier fungiert die Verwirrung hinsichtlich der Interessen der Eliten wie eine rassifizierte Variante der Reaganschen Wirtschaftsideologie: Es ist eine Strategie, die auf haltlosen Fantasien über den

21 »Fired Up? Ready to Go?«, offizielle Website des Weißen Hauses, 13. September 2009, https://obamawhitehouse.archives.gov/blog/2009/09/13/fired-ready-go.

22 Jo Freeman, »The Tyranny of Stucturelessness«, offizielle Website von Jo Freeman, https://www.jofreeman.com/joreen/tyranny.htm.

Wechselkurs zwischen Aufmerksamkeitsökonomie und materieller Ökonomie basiert.

Wir müssen die soziale Struktur selbst grundlegend verändern – die Räume, in denen wir interagieren, und das Haus, das aus diesen Räumen aufgebaut ist. Rücksichtnahme als Strategie steht in einer bestenfalls schwachen Beziehung zu diesem Ziel.

Die Sicht aus dem Innern des Raums

Um zu sehen, was an den populären, an Rücksichtnahme orientierten Anwendungen der Standort-Theorie verkehrt ist, müssen wir zunächst einmal verstehen, warum sie so populär sind. Hierzu als Erstes eine zynische Antwort: Rücksichtnahme auf Vertreter*innen unterdrückter Communitys ist eine performative Praxis, die beschönigt, sich dafür entschuldigt, oder schlicht davon ablenkt, dass diejenigen, die sich ihrer bedienen, in einem Maß über das Privileg, »im Raum zu sein«, verfügen, dass es Folgen hat, wenn sie eine Perspektive »hervorheben« – zum Beispiel die, *selbst* gut dazustehen.

In ihrem einflussreichen Essay »Die Tyrannei der Strukturlosigkeit« weist Freeman darauf hin, dass die »Strukturlosigkeit« der Frauenbefreiungsbewegung das Problem der ungleichen und unfairen Machtverteilung keineswegs löste; sondern als Schutzschirm fungierte, hinter dem informelle Netzwerke gut positionierter Eliten ihren überproportionalen Einfluss auf die Kultur und die Aktivitäten ihrer Gruppen verbergen konnten.[23]

Anders als im Fall der Strukturlosigkeit sind die Folgen der Politik der Rücksichtnahme für die Ressourcenverteilung offensichtlich. Sichtbare Akte der Rücksichtnahme wie »das Weiterreichen des Mikrofons« oder des »Zurücktretens«, um die Aufmerksamkeit oder den Raum an jemand anderen abzutreten, führen in der Regel wie versprochen zu einer kurzfristigen Umverteilung der Aufmerksamkeit. Aber die Politik der Rücksichtnahme kann dennoch wichtige Machtverhältnisse maskieren. Das zeigt sich besonders, wenn wir diese performative Praxis

23 Freeman, »Tyranny of Stucturelessness«.

im Kontext der Menschen betrachten, die gar nicht im Raum sind. So kann die Tatsache, dass eine weiße Person in einem Raum das Mikrofon einer bestimmten Person of Color übergibt, sowohl die generelle Machtdynamik in diesem Raum als auch das Verhältnis dieses Raums zur Gesamtkategorie der »People of Color«, die jetzt angeblich durch einen bestimmten Genossen oder eine bestimmte Genossin repräsentiert werden, verschleiern.

Man kann sicher davon ausgehen, dass die meisten von denen, die die Standort-Theorie im Sinne der Rücksichtnahme praktizieren, dies aus den richtigen Gründen tun und einfach davon ausgehen, dass die, mit denen sie sich den Raum teilen, ihnen bei der Findung des angemessenen praktischen Ausdrucks für ihr geteiltes moralisches Engagement helfen werden. Tatsächlich müssen wir gar nicht allen oder auch nur der Mehrzahl der Vertreter*innen einer Politik der Rücksichtnahme bösen Willen unterstellen, um das Phänomen zu erklären.

Schlechte Mitbewohner*innen dieses Raumes sind nicht das Problem, und zwar aus demselben Grund, aus dem gute Raumgenoss*innen nicht die Lösung sind: Das Problem besteht darin, dass wir immer noch in diesem Raum gefangen sind. Um eine bessere Politik zu entwickeln, müssen wir die Art, wie diese Räume zusammengesetzt sind, das Sicherheitssystem, das den Zugang zu ihnen kontrolliert, und die Regeln, die diktieren, was in ihnen geschieht, infrage stellen.

Zur Illustration können wir zu der Frage zurückkehren, wie Sie dazu kamen, dieses Buch zu lesen – wie kommt es, dass Sie und ich hier, jetzt und in diesem Moment mittels dieses Textes interagieren? Dazu müssen wir die geschichtlichen, politischen und geografischen Faktoren in Betracht ziehen, die es ermöglicht haben, den Text zu schreiben.

Viele Aspekte unseres sozialen Systems fungieren als Filtermechanismen, die bestimmen, welche Interaktionen stattfinden und zwischen wem, und daher auch, welchen sozialen Mustern Menschen überhaupt folgen können. Während es größten Teils des 20. Jahrhunderts ermöglichte das Quotensystem der USA für Immigration fast nur Europäer*innen eine legale Einwanderung mit Aussicht auf Staatsbürgerschaft (und erwarb sich damit laut dem Rechtwissenschaftler James Q. Whitman die Hochachtung Adolf Hitlers als weltweit »führend in der Entwicklung einer explizit rassistischen Nationalitäts- und Einwanderungspolitik«).[24]

Aber das Einwanderungs- und Staatsbürgerschaftsgesetz von 1965 öffnete mehr Menschen die Möglichkeit zur Einwanderung, wobei qualifizierte Arbeitskräfte bevorzugt wurden. Auch meine Familie immigrierte unter diesem Gesetz aus Nigeria in die USA und wurde dort zum Teil der nigerianisch-amerikanischen Community, die jetzt eine der erfolgreichsten Einwanderergemeinschaften des Landes ist. Doch was hierbei natürlich nie erwähnt wird, ist die Tatsache, dass die 112.000 meist hochgebildeten nigerianischen Amerikaner*innen zahlenmäßig völlig in den Schatten gestellt werden von den 82 Millionen Nigerianer*innen, die von weniger als einem Dollar am Tag leben.

Die Selektivität des US-Einwanderungsrechts erklärt zum Teil den für die nigerianische Diasporagemeinde, in der ich aufwuchs, typischen hohen Bildungsgrad, und dieser erklärt wiederum zum Teil den Wohlstand, die Klassenvorteile und die kulturellen Erwartungen, die für meinen eigenen Bildungsweg bestimmend waren.[25]

Die Klassenprivilegien, mit denen ich aufwuchs, helfen zu erklären, in welchen Räumen ich zur Grund- und Mittelschulzeit ausgebildet und sozialisiert wurde, und diese helfen wiederum zu erklären, warum ich an der Highschool in die exklusiven Advanced-Placement- und Talentiertenklassen kam, während andere Schüler*innen mit weniger privilegiertem Hintergrund regelmäßig in den Förderkursen landeten. Dies

---

24 Stephen Rohde, »The United States – A Model for the Nazis,« *Los Angeles Review of Books*, 3. September 2017, https://lareviewofbooks.org/article/the-united-states-a-model-for-the-nazis/; James Q. Whitman, *Hitler's American Model: The United States and the Making of Nazi Race Law* (Princeton, NJ: Princeton University Press, 2017).

25 »Forty Percent of Nigerians Live below the Poverty Line: Report«, *Al Jazeera*, 4. Mai 2020, https://www.aljazeera.com/economy/2020/5/4/forty-percent-of-nigerians-live-below-the-poverty-line-report; »The Most Successful Ethnic Group in the U.S. May Surprise You«, *OZY*, 6. Januar 2018, https://www.ozy.com/around-the-world/the-most-successful-ethnic-group-in-the-u-s-may-surprise-you/86885/; Leslie Casimir, »Data Show Nigerians the Most Educated in the U.S.«, *Chron*, 20. Mai 2008, https://www.chron.com/news/article/Data-show-Nigerians-the-most-educated-in-the-U-S-1600808.php.

wiederum erklärt, warum ich dann eine höhere Bildung genießen konnte und an Schulen zugelassen wurde, an denen andere Anwärter*innen abgelehnt wurden – und so weiter und so fort.

Tatsächlich ist das Bildungssystem ein typisches und ungewöhnlich klares Beispiel für Selektionsprozesse. Es ist mein gerade skizzierter Werdegang, der erklärt, warum *meine* Gedanken zur Kaperung durch Eliten von *The Philosopher* akzeptiert und als Artikel veröffentlicht wurden[26] und weshalb ich jetzt über die Ressourcen verfüge, ein ganzes Buch darüber zu schreiben, das vielleicht sogar von einigen Nicht-Philosoph*innen gelesen wird. Es ist ein Beispiel für das, was Soziolog*innen als »kumulativen Vorteil« oder den »Matthew-Effekt« bezeichnen: Dieselben, die gestern Erfolg hatten, erhalten am ehesten die Dividenden von heute und daher mit sogar noch größerer Wahrscheinlichkeit auch die von morgen.[27]

Wenn man an diesen Selektionsprozess denkt, ist leicht zu sehen, warum die Variante der Standort-Theorie, die sich an der Rücksichtnahme orientiert, stark zur Kaperung durch Eliten beiträgt. Je höher der Bildungsgrad, desto enger die Bandbreite der sozialen Erfahrung. Einige Schüler*innen und Student*innen werden quasi automatisch zu Doktor*innen, während andere fast ebenso automatisch im Gefängnis landen – und es sind die repressiven Strukturen, die wir bekämpfen wollen, die weitgehend erklären, wer sich am Ende wo befindet. Von Rücksichtnahme bestimmte Formen des Umgangs mit Identität können nur zu leicht die Verzerrungen übernehmen, die von diesen Selektionsprozessen hervorgebracht werden.

Aber zugleich ist an den jeweiligen Orten – in *diesem* Raum, in *diesem* sozialen Bereich, in *diesem* Gespräch – auch leicht zu sehen,

---

26 Siehe Olúfẹ́mi O. Táíwò, »Being-in-the-Room Privilege: Elite Capture and Epistemic Deference«, *The Philosopher* 108, Nr. 4 (2020).

27 Robert K Merton, »The Matthew Effect in Science: The Reward and Communication Systems of Science Are Considered«, *Science* 159, Nr. 3810 (1968): 56–63; Paul D Allison, J Scott Long und Tad K Krauze, »Cumulative Advantage and Inequality in Science«, *American Sociological Review*, 1982, 615–625; Robert J Sampson und John H Laub, »A Life-Course Theory of Cumulative Disadvantage and the Stability of Delinquency«, *Develop-mental Theories of Crime and Delinquency* 7 (1997): 133–161.

warum die Politik der Rücksichtnahme sinnvoll erscheint. Sie kann einen Fortschritt gegenüber der epistemischen Prozedur darstellen, die ihr vorausging. Die Schwarze Person im elitären Raum könnte ja tatsächlich in einer besseren Position sein, über Polizeipraktiken und Masseninhaftierung nachzudenken, als eine Nicht-Schwarze Person an diesem Ort. Wenn also nur einer Person das Wort dazu erteilt wird, ist es vielleicht besser, wenn dies eine Schwarze Person ist, und dann kann auch eine wohlhabende und privilegierte Schwarze Person besser sein als die wohlhabende und privilegierte weiße Person, die sonst die Diskussion dominiert hätte. Oder anders gesagt: Angesichts dessen, was wir für die unveränderlichen Fakten im Hinblick auf den Raum, seinen Zweck und die Personen in ihm halten, kann Rücksichtnahme oft als das Beste erscheinen, was wir tun können.

Allerdings ist genau dies das Letzte, was wir als unveränderlich betrachten sollten. Und wenn unser Ziel lediglich darin besteht, bessere epistemische Normen zu verwenden als die, die uns eine Geschichte offener globaler Apartheid hinterlassen hat, ist das eine äußerst niedrige Messlatte.

Die Fakten, die erklären, *wer* am Ende in *welchem* Raum ist, sind viel maßgeblicher für unsere Welt als die Prestigekämpfe derer, die es bereits in den Raum geschafft haben. Und wenn sich das Gespräch um soziale Gerechtigkeit dreht, sind die sozialen Mechanismen, die bestimmen, wer den Raum betreten kann, oft genau das, was verändert werden muss – so ist ja die Tatsache, dass Gefangene sich nicht an akademischen Diskussionen über Freiheit beteiligen können, aufs engste mit der Tatsache verbunden, dass sie im physischen Sinn eingesperrt sind.

Dennoch hat Rücksichtnahme ihre attraktiven Seiten. Schließlich sind Menschen in »mächtigen« Räumen, auf die die Menschen dort Rücksicht nehmen, oft lediglich in Bezug auf die Gruppe, die sie in diesen Räumen repräsentieren, »Eliten«, während sie im Verhältnis zu denen, mit denen sie sich im Raum befinden, benachteiligt sind.

Unsere Eigenwahrnehmung und die Muster der Rücksichtnahme, die wir mehr oder weniger an unsere von der Standort-Theorie geprägten epistemologischen Einstellungen anpassen, rücken oft die Aspekte in den Vordergrund, in denen wir marginalisiert sind, und nicht die, wo das nicht der Fall ist. Eine privilegierte Person im absoluten Sinne (die, sagen wir, zu derjenigen Hälfte der Welt gehört, die sich auf die Befriedigung ihrer »Grundbedürfnisse« verlassen kann) kann dennoch ständig unter der Erfahrung leiden, sich in ihrer eigenen sozialen Welt am unteren Ende der Machtdynamik zu befinden. Die Räume, in denen wir uns befinden, das heißt, die soziale Dynamik, die wir tatsächlich erfahren, spielen eine zentrale Rolle bei der Entwicklung und Schärfung unserer politischen Subjektivität und unserer Selbstwahrnehmung.

Die Politik der Rücksichtnahme reagiert auf reale, moralisch gewichtige Erfahrungen, bei denen eine Person erniedrigt, ignoriert, übergangen und zum Schweigen gebracht wurde. Die Tatsache, dass andere schlimmeren Problemen gegenüberstehen, legitimiert keinesfalls eine ungerechte Behandlung relativ privilegierter Menschen.

Menschen kämpfen nicht nur für politische Reformen und materielle Umverteilung, sondern auch um Achtung, Würde und ein gewisses Maß an Anerkennung, und das sollten sie ja auch. Wir alle verdienen diese Art von Aufmerksamkeit, die uns oft verweigert und im Fall marginalisierter und stigmatisierter Gruppen nicht einmal den »Eliten« zugestanden wird. Darüber hinaus kann eine Verteilung von Respekt und Aufmerksamkeit, wie wir sie uns wünschen, kollektiv gewonnen und verloren werden; es *gibt* eine Verbindung zwischen dem, was im Raum und dem, was außerhalb ist. Die an Rücksichtnahme orientierte Variante der Standort-Theorie hat für solche Eliten daher eine wichtige nichtepistemische Anziehungskraft: Sie greift direkt in moralisch bedeutsame Praktiken der Zuteilung von Aufmerksamkeit und Respekt ein.

Der Fokus auf die eigene relative Marginalisierung ist besonders verführerisch, wenn der Kontakt zu Menschen, die sich in den relevanten Hierarchien unter uns befinden, kontrolliert oder verhindert wird, was schließlich ein großer Teil dessen ist, was Räume bewirken. Dieses In-den-Vordergrund-Rücken des Persönlichen erfolgt aus einem Grund, der vollkommen mit dem Ethos der »Epistemologie des Standpunktes« und der Wertschätzung gelebter Erfahrung vereinbar ist. Unsere persönliche Hervorhebung der Art und Weise, wie wir selbst marginalisiert werden, deckt sich ja häufig mit der Welt, *wie wir sie erfahren haben*. Und ein solcher Fokus mag für die Verfechter*innen einer Epistemologie der

Rücksichtnahme auf mancherlei Art sehr bequem sein. Dennoch denke ich, dass die zynische Sicht ihnen zu wenig Anerkennung zollt. Viele von denen, die eine Epistemologie der Rücksichtnahme praktizieren, tun einfach das Beste, was sie können.

Aber dasselbe Phänomen illustriert auch, wie die Stärke der Standort-Theorie, ihre Anerkennung der Wichtigkeit der Perspektive, zu ihrer Schwäche wird, sobald sie zur Politik der Rücksichtnahme verflacht wird. Aus einer strukturellen Perspektive gesehen können die Räume, die wir *nicht* betreten, die Erfahrungen, die wir *nicht* haben (und die Gründe, aus denen wir in der Lage sind, sie zu vermeiden) uns vielleicht mehr über die Welt und unseren eigenen Ort darin lehren als alles, was in unserem eigenen Raum gesagt wird. Wenn dem so ist, *verhindert* die an Rücksicht orientierte Variante der Standort-Theorie in Wirklichkeit, dass die Marginalisiertesten »ins Zentrum gerückt« oder auch nur gehört werden, weil sie sich auf die Interaktionen in den Räumen konzentriert, in denen wir bereits sind, statt uns an die Interaktionen zu erinnern, die wir nicht zu haben brauchen und meist auch tatsächlich nicht haben.

Zugleich kann die Praktizierung von Rücksicht bei jenen, auf die Rücksicht genommen wird, sehr stark Normen fördern, die sich auf ihre Gruppe zerstörerisch auswirken.

In ihrem Buch *Conflict Is Not Abuse* macht die Aktivistin, Schriftstellerin und Forscherin Sarah Schulman eine provokative Beobachtung zu den psychischen Auswirkungen sowohl von Traumata als auch gefühlter Überlegenheit: Während diese oft verschiedene Ursachen haben und zwischen beiden ein großer moralischer Unterschied besteht, führen sie dennoch zu ähnlichen Verhaltensmustern. Zu den wichtigsten davon gehören die Fehldarstellung der Dimensionen eines Konfliktes (wobei oft der zugefügte Schaden übertrieben wird) und die Wertung der Unabhängigkeit anderer als feindselige Bedrohung (zum Beispiel durch Anprangerung des angeblichen Versäumnisses, die richtigen Themen und Personen zu »zentrieren«). Solche Verhaltensweisen haben, unabhängig von ihrer ursprünglichen Ursache, eine zersetzende Wirkung, besonders, wenn die Normen einer Community sie verstärken oder vervielfältigen, statt sie zu beschränken oder unschädlich zu machen.

Die Gewohnheit, Rücksicht zu nehmen, kann bei denen, die sie praktizieren, zu moralischer Feigheit führen, da die Normen der Rücksichtnahme den sozialen Deckmantel dafür liefern, sich der eigenen Verantwortung zu entziehen. Sie wälzt die Arbeit, die wir hier und jetzt leisten müssen, auf individuelle Held*innen, eine heldenhafte Klasse oder eine mythische Vergangenheit ab. Die Perspektive derer, die Rücksicht nehmen, mag in dieser oder jener spezifischen Angelegenheit klarer sein, aber ihr genereller Standpunkt ist nicht weniger bruchstückhaft oder durch die Geschichte beschränkt als unserer. Noch wichtiger ist, dass Rücksichtnahme die Verantwortung, die wir alle tragen müssen, ausgewählten Menschen überträgt – und das dann meist auch noch einer gesäuberten und durch und durch fiktiven Karikatur dieser Menschen.

Die Rücksichtnahme auf Kollektive oder deren Kultur birgt viele derselben Risiken, die schon die Rücksichtnahme auf marginalisierte Individuen mit sich bringt. So bekräftigte der PAIGC-Kämpfer Amilcar Cabral sehr wohl die Notwendigkeit, auf Jahrhunderte des anti-Schwarzen Rassismus und die weitverbreiteten Ansichten über die Minderwertigkeit der afrikanischen Geschichte und Kultur zu antworten. Dabei verneinte er natürlich, dass es eine einheitliche afrikanische Kultur gab. Aber selbst, wenn es sie gegeben hätte, hätte eine Berufung auf sie nicht die Frage beantwortet, wie wir uns politisch verhalten und organisieren sollen, weil »jede Kultur sich aus wesentlichen und zweitrangigen Elementen, aus Stärken und Schwächen, aus Tugenden und Fehlern, aus positiven und negativen Aspekten, aus Faktoren des Fortschritts und Faktoren der Stagnation und Regression zusammensetzt«. Er ging so weit zu betonen, dass eine »blinde Akzeptanz der Werte der Kultur, ohne zu berücksichtigen, welche heute oder zukünftig regressiven Elemente sie enthält, [...] für Afrika nicht weniger schädlich sein würde« als eine rassistische Unterschätzung dessen, was die afrikanische Kultur einmal gewesen war. [28]

Dieselben Taktiken der Rücksichtnahme, die uns gegen Kritik und Meinungsverschiedenheiten abschotten, schotten uns auch gegen Beziehungen und tiefgreifenden Wandel ab. Sie halten uns davon ab, empha-

28 Cabral, »National Liberation and Culture«, *Transition*, Nr. 45 (1974): 12–17.

tisch und authentisch mit dem Kampf anderer Menschen umzugehen – obwohl das eine Vorbedingung jeder Bündnispolitik ist.

Darüber hinaus kommen wir, während die Identitäten immer feinkörniger und die Meinungsverschiedenheiten darüber immer schärfer werden, zu der Erkenntnis, dass »Koalitionspolitik« (verstanden als Kampf über Unterschiede hinweg) schlicht und einfach Politik ist. Das heißt aber auch, dass die Orientierung an Rücksichtnahme genau wie die durch sie beförderte Fragmentierung politischer Kollektivität letztlich antipolitisch ist.

Eine Entscheidung für Rücksichtnahme statt Interdependenz mag kurzfristig als Pflaster für psychische Verwundungen dienen. Aber das geschieht zu einem hohen Preis: Es kann die Ziele, die das Projekt motiviert haben, untergraben – und es zementiert eine Politik, die nicht denen dient, die für Freiheit statt für Privilegien und für kollektive Befreiung statt lediglich für die Vorteile einiger Weniger kämpfen.

Bessere Blaupausen

Die Politik der Rücksichtnahme hat recht in Bezug auf das *Was*: Es ist tatsächlich wichtig, gelebten Erfahrungen Aufmerksamkeit zu schenken, und es ist politisch notwendig, aufmerksam für die Unterschiede zu sein. Aber sie liegt falsch in Bezug auf das *Wie*, denn je mehr wir uns darauf konzentrieren, unsere Normen der Interaktion in solche zu verwandeln, die auf den eigenen Ort beschränkt und kosmetisch den Stimmen und Perspektiven *im* Raum mehr Gewicht verleihen, desto schwieriger wird es, die Welt *außerhalb* des Raums zu verändern.

Wie der Philosoph C. Thi Nguyen uns im vorigen Kapitel ins Gedächtnis rief, liegt die Macht des Systems darin, dass es die Spielregeln festlegt. Es strukturiert unsere soziale, wirtschaftliche und kulturelle Lebenswelt und selbst noch unsere Aufmerksamkeit auf eine Weise, die uns dazu bringt, seinem Spielplan zu folgen.

In derselben Rede, die ich zu Beginn dieses Kapitels zitiert habe, spricht Amilcar Cabral über einen weiteren wichtigen Aspekt dieser systemischen Kontrolle: »Imperialistische Herrschaft [...] benötigt zu ihrer Sicherheit kulturelle Unterdrückung und die Bemühung um eine direkte oder indirekte Liquidiereng der wichtigsten Elemente der Kultur des unterdrückten Volkes.« Kultur ist für Cabral unsere kollektive Fähigkeit, unser Leben zu gestalten und zu organisieren und als die treibende Kraft unserer Geschichte zu fungieren – eine Fähigkeit, die ein direktes Hindernis für die Ziele der Imperialist*innen darstellt, die selbst diejenigen sein wollen, die alles planen und kontrollieren. Darum kann die imperialistische Herrschaft, »worin auch immer die materiellen Aspekte dieser Dominanz bestehen mögen, [...] nur durch die ständige organisierte Unterdrückung des kulturellen Lebens des betroffenen Volkes« überleben.[29]

Dies illustriert mehr als alles andere das Kernproblem mit der Politik der Rücksichtnahme: Sie konzentriert die Fähigkeit, die wir haben, das gesamte Haus neu zu gestalten, auf die spezifischen Räume, die bereits für uns gebaut wurden. Sie wirbt mit der Behauptung, sie nehme Rücksicht auf marginalisierte Stimmen und Perspektiven, aber da sie dem bestehenden Grundriss der Gesellschaft so viel kreativen Raum zugesteht, sollte sie vielleicht besser als Rücksichtnahme auf die bereits existierende Gesellschaftsstruktur verstanden werden.

Ich plädiere hier für einen anderen Ansatz – einen Ansatz, der zwar einräumt, dass wir mit den Interaktionen beginnen müssen, über die wir die größte Kontrolle haben, aber der zugleich im Blick behält, wie wichtig es ist, die Grundlage dieser Interaktionen zu verändern, das heißt, die gesamte Gesellschaft neu zu gestalten und nicht nur unsere Interaktionen darin. Wenn wir diesen Standpunkt einnehmen, liefert uns das eine *konstruktive* Politik.

Eine konstruktive Politik strebt spezifische Ziele oder Endresultate an, statt lediglich »Komplizenschaft« mit Ungerechtigkeiten zu vermeiden, mit deren Fortbestehen wir uns ohnehin schon abgefunden haben. Insoweit wir mit »Epistemologie« oder Praktiken des Umgangs mit Wissen befasst sind, konzentriert sich eine konstruktive Politik auf Institutionen und Praktiken der Informationsbeschaffung, die einen strategischen Nutzen für den Kampf um die Beseitigung der sozialen

29 Cabral, »National Liberation and Culture«.

Ungerechtigkeiten selbst haben, und nicht nur auf die Symptome, die in dem Raum sichtbar sind, in dem wir uns zufälligerweise gerade befinden.

Allgemein gesprochen ist eine konstruktive Politik eine Politik, die sich direkt im Kampf um die Umverteilung sozialer Ressourcen und gesellschaftlicher Macht engagiert, statt intermediäre Ziele zu verfolgen, bei denen es nur um Symbolik geht.

Das ist ein sehr anspruchsvoller Ansatz. Er verlangt von uns, gegen den Strom zu schwimmen, uns verantwortlich und zugänglich gegenüber Menschen zu verhalten, die sich noch nicht im Raum befinden, und vor allem, die Art von Räumen schaffen, in denen wir alle zusammenkommen können, statt lediglich die Räume, die die Geschichte schon für uns gebaut hat, etwas würdevoller zu nutzen.

Die Aufgabe, die Welt neu aufzubauen, ist schwer – und es ist die konstruktive Politik, nicht die Politik der Rücksichtnahme, die den Anforderungen dieses Projekts gerecht wird.

Eine frühere Version dieses Kapitels erschien unter dem Titel »Being-in-the-Room Privilege: Elite Capture and Epistemic Difference« (»Das Privileg, im Raum zu sein: Kaperung durch Eliten und epistemische Differenz«) in *The Philosopher,* Band 108, Nr. 4, https://www.thephilosopher1923.org/essay-taiwo.

VIER

Ein neues Haus bauen

»Widerstand ist dies: etwas zerstören, um etwas anderes aufzubauen. Das ist es, was Widerstand ist. Was wollen wir in unserem Land zerstören? Die Kolonialherrschaft der portugiesischen Soldaten. Nur das und das allein? Nein – gleichzeitig wollen wir keine neue Zeit der Kolonialherrschaft in unserem Land, und keine andere Art von ausländischer Herrschaft. Wir wollen, dass unser Volk selbst sein Schicksal bestimmt, durch seine Kinder, in Guinea und auf den Kapverden. Das ist unser Hauptziel.«

Amílcar Cabral, *Análise de Alguns Tipos de Resistência*[1]

Paulo Freire hatte eine sehr hungrige Kindheit.

Trotzdem hätte alles viel schlimmer sein können. Freire wurde 1921 in Recife in Brasilien geboren – einem Ort, den er später als »das Zentrum einer der extremsten Formen von Armut und Unterentwicklung in der Dritten Welt« bezeichnen sollte.[2] Die Freires waren eine zeitweilig prekär lebende Familie der Mittelklasse, deren gewohnte wirtschaftliche Sicherheit durch die außergewöhnlichen Umstände der Weltwirtschaftskrise zerstört wurde.[3] Daher waren Paulo und seine Geschwister jetzt »connective kids«, Kinder zweier Welten, die sozial sowohl mit den Wohlhabenden als auch mit den Armen in Verbindung standen.

1 Amílcar Cabral, *Análise de Alguns Tipos de Resistência, Edição Do PAIGC* (Bolama: Guiné-Bissau Imprensa Nacional, 1979), übersetzt nach der Übersetzung Táíwò s; siehe http://www.cd25a.uc.pt/media/pdf/Biblioteca%20digital/Nreg%200715_%20Amilcar%20Cabral_Analise%20se%20alguns%20tipos%20de%20resistencia.pdf.

2 Paulo Freire, *Pedagogy of the Oppressed* (New York/London: Continuum, 2005), Vorwort von Richard Shaull, 30.

3 Paulo Freire, *Letters to Cristina* (London: Routledge, 2016), 21.

Aber die gemeinsame Erfahrung des Hungers, die er mit den Kindern aus den »armen Außenbezirken der Stadt« teilte, beseitigte nicht alle Unterschiede: Er und seine Geschwister waren immer noch »Menschen aus einer anderen Welt, die zufällig in ihre Welt heruntergefallen waren«.[4] Als der Hunger »unangekündigt und ohne Genehmigung« bei seiner Familie anklopfte, fand er dort ein Wohnzimmer mit Klavier und einen Haushalt vor, dem ein Mann vorstand, der bei der Arbeit Krawatte trug – Kennzeichen eines Klassenstatus, an dem die Freires, koste es, was es wolle, festhielten.

Es war vielleicht dieser Beharrlichkeit geschuldet, dass der Hunger in ihrer Familie kam und wieder ging, bevor er die Folgen haben konnte, die er für Millionen von anderen Brasilianer*innen der Unterschicht in jener »anderen Welt« hatte, der die Kinder der Freires einen kurzen Besuch abgestattet hatten. Viele dieser Kindheitsfreund*innen hatten im Lauf der Zeit dünne und zerbrechliche Arme, Beine und Finger bekommen, während die Augen tief in die Höhlen zurückgetreten waren – Anzeichen einer permanenten Unterernährung, die Art von Hunger, die oft auf dem Friedhof endet.

Obwohl er nicht lange arm war, vergaß Paulo diese Erfahrung nie. Während der sechs Jahre, die er im Exil verbrachte, nachdem er vor der in einem US-unterstützten Putsch 1964 in Brasilien an die Macht gekommenen Militärdiktatur geflohen war, dokumentierte er diese Erlebnisse in seinem wahrscheinlich einflussreichsten Werk, *Die Pädagogik der Unterdrückten*.[5] In diesem Buch entwickelt er einige seiner wichtigsten Ideen, darunter auch seine Kritik an dem Phänomen, das er als das »Bankiers-Konzept« der Bildung bezeichnete, bei dem die Lehrer*innen die Schüler*innen aus der Unterschicht als leere, passive Gefäße betrachten, die sie, die Lehrer*innen mit Wissen füllen, über das nur sie allein verfügen.[6]

4 Freire, *Letters to Cristina*, 21.

5 Freire, *Pädagogik der Unterdrückten*, 25; Anthony W. Pereira, »The US Role in the 1964 Coup in Brazil: A Reassessment«, *Bulletin of Latin American Research* 37, Nr. 1 (2018): 5–17.

6 Freire, Kapitel 2 in *Pädagogik der Unterdrückten*, 57–70.

Dieses Modell mit seinen fixen Rollen der Lehrer*innen, die Wissen vermitteln, und der Schüler*innen, die dieses Wissen aufnehmen, ist ein Hindernis, das überwunden werden muss. Das Bankiers-Konzept verfolgt sowohl bei Kindern als auch Erwachsenen das Ziel, »Automaten« zu schaffen, die nicht für sich selbst denken und handeln – und es versucht, die Entstehung von *conscientização* (kritischem Bewusstsein) zu verhindern, jener gegenseitig humanisierenden Beziehung zwischen »Unterdrückten« und »Unterdrückenden«, die aus einer wechselseitig befreienden Bildung erwächst.[7]

Conscientização und die Kaperung durch Eliten verfolgen entgegengesetzte Ziele. Zwar bringen sowohl die Kaperung durch Eliten als auch *conscientização* Eliten und Nicht-Eliten miteinander in Kontakt, aber die Kaperung durch Eliten verewigt diese Spaltung und beutet sie aus, indem sie die Nicht-Eliten für den Dienst an den Interessen der Eliten rekrutiert. *Conscientização* dagegen zielt auf ein gegenseitig befreiendes politisches Projekt ab, das die Unterscheidung zwischen Eliten und Nicht-Eliten vollständig beseitigen möchte.

Freire zufolge beginnt diese befreiende Herangehensweise an Erziehung und Bildung mit der Anerkennung des Wissens, das beide, Schüler*innen wie Lehrer*innen, in die pädagogische Situation einbringen, und sie endet erst mit der Transformation der sozialen Verhältnisse, die durch die »Ausbildung« der Menschen zu Rädchen einer ihnen fremden Maschine überhaupt erst ermöglicht werden – also der Gesellschaft selbst. So machte Freire sich an die Arbeit und begann damit an den Orten, zu denen er Zugang hatte und in denen er über Macht verfügte: den Klassenzimmern.

Das Haus neu bauen: Lilica, Paulo und die PAIGC

Die Geschichte unseres globalen politischen Systems – des großen Hauses, in dem wir uns alle in bestimmten Räumen befinden – beginnt mit den Forschungsreisen und Eroberungen des portugiesischen Imperiums. Im vorigen Kapitel sahen wir, wie Lilica Boal den kühnen Schritt

7 Freire, *Pädagogik der Unterdrückten*, 59–61.

unternahm, aus ihrem Seminarraum zu fliehen. Der Kampf, für den sie Portugal verließ, war der Kampf gegen das portugiesische Imperium.

Schon lange bevor Christoph Kolumbus 1492 – im selben Jahr, in dem die christlichen Mächte die letzte muslimische Dynastie von der iberischen Halbinsel vertrieben und damit die sogenannte Reconquista abschlossen – unter spanischer Flagge in neue Gefilde aufbrach, hatte Portugal hart am Aufbau der Kolonien und Handelsbeziehungen gearbeitet, die den transatlantischen Sklavenhandel und mit ihm die moderne Weltwirtschaft hervorbrachten.[8]

Portugiesische Forschungsreisende segelten schon seit den vierziger Jahren des 15. Jahrhunderts an der Westküste Afrikas entlang und beanspruchten das Exklusivrecht für die dabei »entdeckten Ländereien« für Portugal. Schwer bewaffnet und durch seine imperiale Eroberungen in Asien, Afrika und den Amerikas und die dadurch gewonnene Verfügungsgewalt über wertvolle Metalle und versklavte Menschen reich geworden, wurde Portugal zur ersten modernen Supermacht und war eine ganze Weile lang das wohlhabendste Land Europas.[9]

Zwei dieser »Entdeckungen« trugen sich im Gebiet der späteren Länder Guinea-Bissau und Kap Verde zu. 1446 landeten Forschungsreisende in Guinea-Bissau und 1456 auf dem Archipel der kapverdischen Inseln. Guinea-Bissau war damals das Zentrum des Mandinka-Königreichs Kaabu, dessen *mansas* (Herrscher) großen Einfluss auf weite Teile Westafrikas hatten, weil sie die Kontrolle über die Handelsrouten der Sahara für Gold, Elfenbein und Sklav*innen innehatten.[10]

Die Gefangenen aus den Kriegen Kaabus auf dem Kontinent wurden nun in immer größerer Zahl an ein neues Netz des Menschenhandels verkauft, das das bestehende Netz in Afrika bald an Größe, Ausdehnung

8 Francisco J. Beltrán Tapia et al., »A Brief History of the Reconquista (718–1492 AD): Conquest, Repopulation and Land Distribution«, *Documentos de Trabajo de la Sociedad Española de Historia Agraria*, 2004.

9 Peter Karibe Mendy, *Amílcar Cabral: A Nationalist and Pan-Africanist Revolutionary* (Athens: Ohio University Press, 2019), 24–28, 37.

10 Peter Karibe Mendy, »Portugal's Civilizing Mission in Colonial Guinea-Bissau: Rhetoric and Reality«, *International Journal of African Historical Studies* 36, Nr. 1 (2003): 35–58.

und Intensität der Ausbeutung weit übertreffen sollte: den transatlantischen Sklavenhandel, der versklavte Menschen und ihre Arbeit in die von Europa eroberten Kolonialgebiete brachte.[11]

Besonders in den ersten Jahrhunderten befanden sich die meisten dieser Kolonialgebiete auf dem amerikanischen Kontinent. Kap Verde war jedoch eine Ausnahme. Diese Inselkette vor der Westküste Afrikas, die unbewohnt und gut als Zwischenstopp für den sich entwickelnden transatlantischen Handel geeignet war, wurde damals mit portugiesischen Siedler*innen und versklavten Afrikaner*innen bevölkert. Außerdem fungierten die Kapverden als Ausgangspunkt für die Eroberung weiter Teile Westafrikas, darunter auch Guinea-Bissaus, und den Bewohner*innen der Inseln wurde oft eine mittlere Managementrolle sowohl im Sklavenhandel als auch in der kolonialen Verwaltung Guinea-Bissaus zugestanden.

Zum Zeitpunkt von Lilicas Geburt 1934 hatten einige europäische Länder den Wohlstand und die Macht, die sie durch den Sklavenhandel und ihre sonstigen weltweiten Kolonialunternehmungen erworben hatten, zum Aufbau einer formalen Kolonialherrschaft über den größten Teil des afrikanischen Kontinents verwendet, darunter auch die Kapverden und Guinea-Bissau (damals »Portugiesisch Guinea«). Dabei hatten die Portugies*innen ihre Kolonien meinst mit derselben kaltschnäuzigen Gleichgültigkeit gegenüber dem Leid der Menschen verwaltet, die auch den von den Kapverden aus betriebenen Sklavenhandel charakterisierte.

Während einer der vielen Dürren, von denen die Inseln in den Jahrhunderten bis zu ihrer Unabhängigkeit heimgesucht wurden, erklärten Kolonialbeamte in London einem protestierenden kapverdischen Anwalt, die Regierung sei schließlich »nicht schuld daran, dass es in Cabo Verde nicht regelmäßig geregnet hat«.[12] Lilicas Kindheit unterschied sich sehr wahrscheinlich nicht sehr von der ihrer Eltern oder Großeltern.

Die portugiesischen Militärs unterdrückten den Widerstand gegen ihre Herrschaft mit brutalen militärischen »Pazifizierungskampagnen«, die all jene terrorisierten, die sich durch Hungersnöte und Prekarität

11 Mendy, *Amílcar Cabral*, 24–28.

12 Mendy, *Amílcar Cabral*, 29.

nicht zum Schweigen bringen ließen.[13] Diese militaristische Herangehensweise wurde nach dem Zusammenbruch der portugiesischen demokratischen Republik 1926 nur noch schlimmer. Die Republik wurde durch ein faschistisches Regime unter dem korporatistischen Autokraten António Salazar ersetzt, das den Namen Estado Novo – der neue Staat – trug.[14]

Im Jahr 1956 entstand auf Kap Verde und im benachbarten Guinea-Bissau eine Organisation, die die Herrschaft des Estado Novo herausforderte – die Afrikanische Partei für die Unabhängigkeit Guineas und Kap Verde (PAIGC). Sie verbrachte drei Jahre mit Verhandlungen mit der portugiesischen Regierung und konzentrierte sich in ihrer Strategie auf Demonstrationen und Arbeiterstreiks. Die Regierung antwortete auf das gewaltlose Vorgehen der PAIGC mit brutalen Maßnahmen, die 1959 in einem Massaker an 50 friedlich streikenden Hafenarbeiter*innen im Hafen von Pidjiguiti kulminierten.[15] Nach dem Massaker begann die Gruppe mit einem bewaffneten Guerillakampf gegen die Portugies*innen. Das war der Kampf, wegen dem Lilica die Universität verließ und der 1973 und 1975 in der Unabhängigkeit beider Länder gipfelte.[16]

Zum Erfolg der vielfältigen Kampagne der PAIGC trug eine Reihe von Faktoren bei, darunter die Welle afrikanischer und asiatischer Unabhängigkeitsbewegungen nach dem Zweiten Weltkrieg, die in Afrika 1957 zur Unabhängigkeit Ghanas führte, und die Netze gegenseitiger Hilfe und Solidarität, die viele von ihnen verbanden, besonders aber die Länder Afrikas, die gegen die portugiesische Herrschaft kämpften (darunter Angola und Mosambik).

Die Historikerin Sónia Vaz Borges macht auf einen oft vernachlässigten Aspekt der revolutionären Aktivität der PAIGC aufmerksam,

---

13 Mendy, *Amílcar Cabral*, 33.

14 Luís Reis Torgal, »Estado, Ideologia e História de Portugal«, *Revista de História* 8 (1988): 345–355.

15 Stephanie Urdang, »Fighting Two Colonialisms: The Women's Struggle in Guinea-Bissau«, *African Studies Review* 18, Nr. 3 (1975): 29.

16 Sónia Vaz Borges, *Militant Education, Liberation Struggle, Consciousness: The PAIGC Education in Guinea-Bissau 1963 – 1978* (Berlin: Peter Lang, 2019).

nämlich ihre militante Praxis im Bereich der Bildung und Bewusstseinsarbeit.[17] Kap Verde und Guinea-Bissau hatten ein koloniales Erziehungs- und Bildungssystem geerbt, das der Schaffung einer elitären Klasse »assimilierter Afrikaner*innen« diente, denen die Aufgabe zugedacht war, bei der Verwaltung der Kolonie behilflich zu sein und aus nicht-assimilierten »eingeborenen« Afrikaner*innen produktive Arbeitskräfte zu machen.[18] Im Gegensatz dazu entwickelten die Kämpfer*innen der PAIGC ein Bildungsprogramm, das den Übeln des portugiesischen kolonialen Bildungssystems entgegenwirken und stattdessen Selbstbestimmung und den Widerstand gegen die Kolonialherrschaft fördern sollte.

Zum militärischen Kampf der PAIGC gehörte somit auch ein umfassender Kampf an der »Bildungsfront«, über die der guineabissauische Militante Agnelo Regala sagte, die Partei betrachte diese Front als »ebenso wichtig« wie die anderen Fronten, »weil es nichts nützt, [...] das Land zu befreien, wenn wir nicht bereit sind, auch die Verantwortung zu tragen, die die Unabhängigkeit mit sich bringt«.[19] Grundlegende Kenntnisse im Lesen und Schreiben sowie politische Bildung wurden als Teil der Ausbildung für alle Aspekte des Kampfes betrachtet.[20]

Vaz Borges zieht aus ihren Interviews mit Veteran*innen der PAIGC sowie Archivrecherchen den Schluss, dass dabei tatsächlich eine Reihe praktischer Hürden überwunden wurden. So gründete und vertrieb die PAIGC eine Zeitung, obwohl der bei Erwachsenen stark verbreitete Analphabetismus hierfür ein echtes Hindernis darstellte. Ein Problem war auch, dass der Schulunterricht der Kinder der Arbeit im Weg stand, die sie auf den Farmen ihrer Familien leisten mussten, und damit das Auskommen und Überleben der Familien bedrohte, die sich durch Subsistenzwirtschaft ernährten. Das war einer der Gründe, warum das

17 Vaz Borges, »The PAIGC's Freedom Fighter. The Process of Becoming Conscious and a Militant (1940's–1972)«, *Militant Education*, 23–53.

18 Vaz Borges, *Militant Education*, 25.

19 Vaz Borges, *Militant Education*, 119.

20 Vaz Borges, *Militant Education*, 126.

Insistieren der PAIGC darauf, dass auch Mädchen zur Schule gingen, in einigen Teilen des Landes auf Widerstand stieß. Ferner waren Sicherheitsbedenken und Ressourcenengpässe, die durch den gleichzeitigen bewaffneten Kampf gegen das portugiesische Militär verschärft wurden, stets präsent. Außerdem drohte das säkulare Bildungssystem der PAIGC das prekäre Machtgleichgewicht zu stören, das so sorgfältig zwischen den Portugies*innen, dem christlichen Bildungssystem und den beiden anderen, von den muslimischen und animistischen Communitys favorisierten Systemen ausgehandelt worden war.[21]

Die PAIGC wurde mit diesen Herausforderungen fertig, indem sie geduldig strategische Beziehungen kultivierte, so etwa mit der 1963 gebildeten Organisation für Afrikanische Einheit (OAU), deren Befreiungskomitee für viele antikoloniale Bewegungen auf dem Kontinent als Drehscheibe für ausländische materielle und militärische Hilfe diente, darunter Hilfe aus der Sowjetunion und dem postrevolutionären China, die beide ein beträchtliches Maß an Waffen und militärischer Ausbildung zur Verfügung stellten. Kuba beschränkte sich nicht auf materielle Hilfe in Form von Nahrung und Militäruniformen, sondern entsendete sogar Truppen – ein Schritt, den kein anderes Land während des Konflikts unternahm.[22]

Ahmed Sékou Touré, der Präsident Guineas (das 1958 unabhängig geworden war und an Guinea-Bissau angrenzt), stellte das Grundstück für ein Modell-Internat im guineischen Conakry zur Verfügung. Gebaut wurde die Escola Piloto mit Mitteln, die die Partei vom Roten Kreuz und einem hohen Beamten der Vereinten Nationen bekam, der den Ruf genoss,

21 Vaz Borges, »Building and Organizing Educational Structures in Guinea Bissau (1963–1972)«, *Militant Education*, 53–98.

22 R. A. Akindele, »Africa and the Great Powers, with Particular Reference to the United States, the Soviet Union and China«, *Africa Spectrum*, 1985, 125–151; Julião Soares Sousa, »Amílcar Cabral, the PAIGC and the Relations with China at the Time of the Sino-Soviet Split and of Anti-colonialism: Discourses and Praxis«, *International History Review* 42, Nr. 6 (2020): 1274–1296; Catarina Laranjeiro, »The Cuban Revolution and the Liberation Struggle in Guinea-Bissau: Images, Imaginings, Expectations and Experiences," *International History Review* 42, Nr. 6 (2020): 1319–1338.

ein »Freund« des Befreiungskampfes zu sein. Zur Direktorin der Schule wurde Lilica Boal ernannt.

Dieser progressiven Koalition stand ein reaktionäres Bündnis gegenüber, das sich hinter den faschistischen portugiesischen Staat stellte. Portugal, ein Mitglied der NATO, bombardierte Guinea-Bissau und konnte dabei auf Dutzende von Transportflugzeugen und Bombern zurückgreifen, die von Großbritannien, Frankreich, Deutschland, den USA und dem US-Konzern American Lockheed (jetzt Lockheed Martin) zur Verfügung gestellt wurden.[23]

In die Escola Piloto wurden die Kinder von PAIGC-Militanten sowie viele der durch die Angriffe Portugals geschaffenen Kriegswais*innen aufgenommen. Lilica und ihre Genoss*innen wurden in ihrer Tätigkeit an der Schule in hohem Maß aus anderen Teilen der Welt unterstützt: Sie verwendeten Schulbücher, die in Schweden gedruckt und zum Teil von der schwedischen Sozialdemokratischen Partei finanziert wurden, versorgten die Kinder mit Nahrungsspenden aus Kuba (dessen Regierung außerdem Ärzt*innen schickte, um die Gesundheitsversorgung sicherzustellen) und betrieben mit Spenden aus dem Ausland ein Schullabor.[24]

Vaz Borges weist ferner darauf hin, dass sich das Bildungsprogramm der PAIGC nicht auf den Unterricht für Schulkinder beschränkte. Zusätzlich zu den Zeitungen für Erwachsene und junge Leute unterhielt die PAIGC kollektive Lese- und Diskussionszirkel, die besonders der Erwachsenenbildung dienten. Um die Schulbildung für Kinder in Gang zu bringen, verhandelte die Partei mit den Dorfältesten und arbeitete mit ihnen ein System aus, bei dem die Kinder neben den Schulen der PAIGC auch religiöse Schulen besuchten; außerdem integrierte sie die religiöse Symbolik in die Traditionen der Partei.[25] Sie schickte ein Kontingent von Frauen in die Sowjetunion, die dort eine Ausbildung in

23 Suzanne Lipinska, »Two Weeks With the Guinea-Bissau Liberation Army«, in *Cinéma Chez Les Balantes*, übersetzt von Caroline Higgitt (Ghent: KIOSK, 2014), 40.

24 Vaz Borges, *Militant Education*, 125; Lilica Boal, »Mulheres de Abril: Testemunho de Lilica Boal«, *Esquerda*, 24. November 2019, https://www.esquerda.net/artigo/mulheres-de-abril-tes-temunho-de-lilica-boal/64575.

25 Vaz Borges, *Militant Education*, 66.

Krankenpflege erhielten. Nach ihrer Rückkehr besuchten immer mehr Mädchen die Schule. Damit in einem Land mit Subsistenzwirtschaft mehr Kinder zu Schule gehen konnten, wurden die Unterrichtszeiten auf die Landwirtschaft abgestimmt.[26]

Ein explizites Ziel der Partei war die vollständige Einbeziehung der Frauen in den Befreiungskampf und dies spiegelte sich in ihren organisatorischen Praktiken und Regeln wider. So legte die PAIGC schließlich fest, dass mindestens zwei der fünf Mitglieder der gewählten Dorfräte, die zur Verwaltung der befreiten Zonen beitrugen, Frauen sein mussten.[27] Laut der Forscherin Stephanie Urdang brauchte die Partei, nachdem ihre Mitglieder 1959 erstmals auf Land gegangen waren, um Diskussionen zur Anhebung des politischen Bewusstseins anzuleiten, nur zehn Jahre, um von Versammlungen mit nur wenigen Frauen zu einer nahezu paritätischen Vertretung von Männern und Frauen zu gelangen.[28] Zum bewaffneten Flügel der Partei gehörte auch eine Frauenmiliz, die außerdem viele Beraterinnen der Partei im öffentlichen Gesundheitssektor stellten.[29]

Kap Verde und Guinea-Bissau besiegten das portugiesische Imperium und erlangten die nationale Unabhängigkeit, die 1975 auch von Regierung Portugals anerkannt wurde, nachdem die Revolution des Vorjahres das faschistische Estado-Novo-Regime gestürzt hatte.

Die PAIGC machte sich sofort an die Arbeit und ging vom bewaffneten Kampf zu einem anderen Kampf über: dem Aufbau der Nation. Nach der Machtübernahme der Partei in Guinea Bissau im September 1973 wuchs die Zahl der Student*innen in den Kursen der Partei auf mehr als das Doppelte. Doch aufgrund der vorherigen Konzentration auf den militärischen Kampf fehlte es jetzt an Lehrer*innen, die dieser neuen Herausforderung gewachsen waren. Außerdem mangelte es an materiellen Ressourcen zur raschen Bereitstellung neuer Bildungsmaterialien und zur Ausbildung von Kadern, die die neuen Bildungsmethoden

26 Vaz Borges, *Militant Education*, 62–65.

27 Urdang, »Fighting Two Colonialisms«, 30.

28 Urdang, »Fighting Two Colonialisms«, 30.

29 Lipinska, »Two Weeks with the Guinea-Bissau Liberation Army«, 9.

anwenden konnten, die im Befreiungskampf entwickelt worden waren. Daher kamen Lilica Boal und ihre Genoss*innen zu dem Schluss, dass sie sich wohl oder übel weiter auf die bestehenden kolonialen Bildungsmaterialien und -strukturen stützen müssten, wobei sie sich aber vornahmen, diese »auf gefahrlose Art zu transformieren«.[30]

Die PAIGC lud Paulo Freire und das Institut d'Action Culturelle (IDAC), dessen Gründungsmitglied er war, als Berater*innen ein. Das geschah nicht zuletzt deswegen, weil das Verständnis von Bildungsarbeit, das die PAIGC (auch mithilfe der bahnbrechenden Beiträge der Betreiber*innen der Pilotschule) während des Befreiungskampfes entwickelt hatte, und die Theorie, die Freire ausgearbeitet hatte, bevor er Brasilien verlassen musste, einander in Vielem ähnlich waren.[31]

Aber trotz all dieser Bemühungengab es hier anders als im Märchen kein gutes Ende. Der Krieg mit Portugal hatte einen Großteil der Infrastruktur Guinea-Bissaus zerstört und das landwirtschaftlich nutzbare Land auf ein Drittel der Vorkriegsfläche verringert – zum Teil aufgrund der umfangreichen portugiesischen Bombenangriffe und der gewaltsamen Konzentration der Dorfbewohner*innen, die sich nicht mit der PAIGC verbünden wollten (oder konnten), auf kleinen, dicht besiedelten landwirtschaftlichen Flächen, in denen sich der Boden rasch erschöpfte.[32]

Die wirtschaftliche Krise in Guinea-Bissau verschärfte die sozialen Spannungen zwischen der Partei und den traditionellen Führer*innen, Stadt und Land, den verschiedenen ethnischen Gruppen und, vielleicht am wichtigsten, den Bewohner*innen Guinea-Bissaus und denen von Kap Verde. Man warf den Kapverder*innen vor, zu viele Führungspositionen in der Partei zu besetzen; das waren oft städtische Intellektuelle, und da zumindest zu Anfang fast die gesamten Kämpfe in Guinea-Bissau stattfanden, mussten sie weniger Opfer für den Kampf bringen als die

---

30 Vaz Borges, *Militant Education*, 163.

31 Vaz Borges, *Militant Education*, 164–166.

32 Marina Padrão Temudo and Manuel Bivar Abrantes, »Changing Policies, Shifting Livelihoods: The Fate of Agriculture in Guinea-Bissau«, *Journal of Agrarian Change* 13, Nr. 4 (2013): 575.

Bäuer*innen, die die größte Last der Gewalt und des Leids trugen, die der Krieg mit sich brachte.[33] Es gab aber wahrscheinlich auch deshalb starke Ressentiments gegen die Kapverder*innen, weil die Inseln lange Zeit eine Vorzugsbehandlung durch das portugiesische Imperium genossen und als Schaltstelle für die Verwaltung der Kolonialherrschaft fungiert hatten.[34]

Diese Spannungen entluden sich 1980 in einem Putsch, bei dem der kapverdische Flügel der Partei gestürzt wurde. Dieser Flügel wurde dann zur Afrikanischen Partei für die Unabhängigkeit Kap Verdes (PAICV) und spielt bis heute eine wichtige Rolle in der kapverdischen Politik. Guinea-Bissau hingegen verfiel in ein Muster von Putschen und Gegenputschen, bei denen Fraktionen der Partei und in ihrem Umfeld um die Macht kämpfen. Letztere hat sich immer mehr in der Hand der Parteieliten, darunter auch der Veteranen der PAIGC, konzentriert.[35] Der guinea-bissauische Historiker Julião Soares Sousa beklagt eine Reihe von Erscheinungen, die er als Produkte der »schmerzlichen jüngeren Geschichte« des Landes ansieht: das Stigma, das aufgrund dieser Kämpfe um Macht und Kontrolle auf dem Land lastet, das Misstrauen der Menschen gegenüber dem politischen System und der Partei, die ausbleibende effektive Reaktion der neuen Eliten auf die wachsenden Probleme des Landes, und an der Wurzel von allem eine tiefsitzende Entartung der Werte.[36]

33 António Tomás, *Amílcar Cabral: The Life of a Reluctant Nationalist* (London: Hurst & Co., 2021), 127.

34 Maria do Carmo Rebouças da Cruz and Ferreira dos Santos, »A Recolonização de Guiné-Bissau Por Meio Das Representações Negativas Realizadas Pelos Organismos Internacionais de Desenvolvimento: De ›Estado Frágil‹ a ›Narco-Estado‹«, *Desenvolvimento Em Questão* 17, Nr. 47 (2019): 156–178; Tomás, *Amílcar Cabral.*

35 Thomas C. Bruneau, »The Guinea-Bissau Case« in *Security Forces in African States*, Paula Shmella and Nicholas Tomb, Hg. (Amherst, NY: Cambria Press, 2017).

36 Julião Soares Sousa, »Prefácio«, in *Por Uma Reinvenção Da Governabilidade e Do Equilíbrio de Poder Na Guiné-Bissau: Diálogos e Olhares Cruzado a Partir Da Diáspora* (Middletown, CT: unabhängige Publikation, 2014), 3–4.

Als wäre das alles nicht schon schlimm genug, führte der verschärfte Kampf gegen den Drogenhandel in Lateinamerika dazu, dass Guinea-Bissau zu einem Zentrum des weltweiten Handels mit illegalen Drogen wurde, darunter besonders Kokain. So wie die geografische Lage Kap Verdes und Guinea-Bissaus an der Westküste Afrikas sie früher zu strategisch wichtigen Drehscheiben des transatlantischen Sklavenhandels gemacht hatte, nutzten die Drogenhändler*innen nun Guinea-Bissau als Scharnier zwischen Venezuela und Kolumbien in Südamerika und dem lukrativen Drogenmarkt in Europa. In den globalen Medien wurde Guinea-Bissau als »Afrikas erster Narco-Staat« bezeichnet und manchen Schätzungen zufolge nahm ein Viertel des weltweiten Kokains seinen Weg durch diese winzige Nation, auch wenn einige Expert*innen solche Behauptungen für übertrieben halten.[37] Jüngste Trends, zu denen ein »Rekordhoch« des weltweiten Kokainkonsums gehört, haben Beobachter*innen zu der Spekulation veranlasst, dass es bald auch zu dem Versuch kommen könnte, den Drogenhandel in ähnlicher Weise auf die Kapverden auszuweiten.[38]

Trotz alledem wurde hier etwas Wichtiges erreicht, was über zwei neue Nationalflaggen hinausging. Selbst Guinea-Bissau, das von vielen als »gescheiterter Staat« (wenn nicht gar als »Narco-Staat«) betrachtet wird, hat auf einigen Gebieten Boden gut gemacht.[39] Einer dieser Bereiche ist der Bildungssektor. In diesem Bereich nutzte Guinea-Bissau

---

37 Mark Shaw, »Drug Trafficking in Guinea-Bissau, 1998–2014: The Evolution of an Elite Protection Network«, *Journal of Modern African Studies* 53, Nr. 3 (2015): 339–364; Emmanuel Uzuegbu-Wilson, »A Critical Review of Evolutionary Trends of Drug Trafficking in Guinea-Bissau«, *Social Science Research Network*, 2019.

38 »Is Cape Verde Doomed to Become a Narco-State?«, *ENACT Africa*, 4. Juni 2019, https://enactafrica.org/enact-observer/is-cape-verde-doomed-to-become-a-narco-state; Colin Freeman, »The Cocaine Highway: On the Front Line of Europe's Drug War«, *Telegraph*, 3. November 2019, https://www.telegraph.co.uk/news/drug-trafficking-in-cape-verde/.

39 Ashley Neese Bybee, *Narco State or Failed State? Narcotics and Politics in Guinea-Bissau* (Fairfax, VA: George Mason University Press, 2011); Sonia Pires, »Guinea-Bissau Immigrant Transnationalism in Portugal: A Substitute for a Failed State?«, *African and Black Diaspora: An International Journal* 6, Nr. 2 (2013): 145–173.

seine neu gewonnene Unabhängigkeit produktiv und steigerte seine Alphabetisierungsrate rasant von zwei Prozent vor der Unabhängigkeit auf bis zu 60 Prozent (in der Altersgruppe der 15- bis 24-jährigen).[40]

In den Jahrzehnten nach der Unabhängigkeit wuchs das Nationaleinkommen Kap Verdes auf das Zehnfache und das Land stieg von einem der ärmsten Länder der Welt zu einem »Land mit mittlerem Einkommen« und einer der stabilsten Volkswirtschaften Afrikas auf.[41] Wie früher die PAIGC scheinen die führenden Kräfte auf den Kapverden auch weiterhin viel Wert auf die Macht und Entscheidungsgewalt der Community zu legen und nicht den Versuchungen einer autokratischen Entwicklung nachgegeben zu haben, denen andere Revolutionen erlegen sind. Kap Verde wurde von einigen Auslandskommentator*innen sogar als »afrikanische Ausnahme« und als »demokratischstes Land Afrikas« bezeichnet.[42]

Dabei befreiten die revolutionären Kämpfe nicht nur Kap Verde und Guinea-Bissau, sondern auch Portugal. Lilica Boal erinnert sich, dass Amilcar Cabral, eine der wichtigsten Führungspersönlichkeiten der PAIGC, immer darauf bestand, der Kampf der Partei richte sich gegen den Kolonialismus als System und nicht gegen die Menschen in Portugal.[43] Dieser politischen Linie folgte die Partei auch in der Praxis: Eine der höchsten politischen Kommissar*innen und eines der prominentesten Mitglieder der Partei war die weiße Militante Carmen Pereira.[44] Sie erklärte der Journalistin Suzanne Lipinska ihre Position zur Identitätspolitik in einfachen Worten, die wir uns zu Herzen neh-

---

40 »Guinea-Bissau«, UNESCO, 27.November 2016, http://uis.unesco.org/en/country/gw; Bruneau, »The Guinea-Bissau Case«.

41 African Development Bank, »Cape Verde: A Success Story«, November 2012, https://www.afdb.org/sites/default/files/documents/projects-and-operations/cape_verde_-_a _success_story.pdf.

42 Peter Meyns, »Cape Verde: An African Exception«, *Journal of Democracy* 13, Nr. 3 (2002): 153–165; Bruce Baker, »Cape Verde: The Most Democratic Nation in Africa?«, *Journal of Modern African Studies*, 2006, 493–511.

43 Boal, »Mulheres de Abril«.

44 António Tomás, *Amílcar Cabral: The Life of a Reluctant Nationalist* (London: Hurst & Co., 2021), 137; Lipinska, »Two Weeks With the Guinea-Bissau Liberation Army«, 2.

men sollten: »Es gibt weiße Menschen, die uns unterdrücken, während andere Weiße uns unterstützen.«[45] Cabral stellte diesen Punkt 1969 in einer Radioansprache mit dem treffenden Titel »Botschaft an die Bevölkerung Portugals« gegenüber der gesamten Welt klar und positionierte die PAIGC ausdrücklich an der Seite des portugiesischen Volkes gegen die Regierung des Estado Novo.[46]

Das war zweifellos kluge Kriegspropaganda, aber es war zugleich mehr als das. Die PAIGC verhielt sich milde gegenüber portugiesischen Kriegsgefangenen und ließ sie oft sogar frei. Sie versuchte, den Unterschied zwischen den Unabhängigkeitskämpfer*innen und der portugiesischen Armee, die die PAIGC-Kämpfer*innen, die ihr in die Hände fielen, oft summarisch exekutierte, nicht nur in Worten, sondern auch in Taten zu vermitteln. Wie viele der Genoss*innen Cabrals und Lilicas in den portugiesischen Afrikakolonien hatte auch Cabral selbst in Lissabon studiert, wo er führend in antifaschistischen Gruppen tätig gewesen war und gemeinsam mit Schwarzen Genoss*innen wie Agostinho Neto aus Angola und weißen Genoss*innen wie dem späteren Führer der Sozialistischen Partei Portugals Mario Soares riskante politische Aktionen gegen das Regime des Estado Novo unternommen hatte.[47] Der Dozent für Ethnic Studies an der University of Boulder, Colorado, Reiland Rabaka, charakterisiert das Denken Cabrals als »globale und historische Theorie«, die politischen Zielen und Bestrebungen gedient habe: Cabral habe erkannt, dass der Imperialismus nicht nur die Verhältnisse auf Kap Verde und in Guinea-Bissau, sondern die Struktur des gesamten Planeten dominiert, und daher sei ihm klar gewesen, dass der Kampf gegen den Imperialismus eine Veränderung der politischen Struktur überall und nicht nur im eigenen Land erfordert.[48]

---

45 Lipinska, »Two Weeks With the Guinea-Bissau Liberation Army«, 17.

46 Amílcar Cabral und Richard Handyside, »Message to the People of Portugal« (Khartoum, 1969), siehe https://www.marxists.org/subject/africa/cabral/1969/mpp.htm.

47 Mendy, *Amílcar Cabral*, 64–65.

48 Reiland Rabaka, »Cabral's Critical Theory of Colonialism, Neocolonialism, and Imperialism«, Kapitel 3 in *Concepts of Cabralism: Amilcar Cabral and Africana Critical Theory* (Lexington Books, 2014), 151–182.

Aber es sollte sich auch zeigen, dass dies weit mehr als eine bloß symbolische Haltung der Solidarität mit Cabrals Genoss*innen in Portugal war. Die Kolonialkriege in Guinea-Bissau, auf Kap Verde sowie in Angola und Mosambik untergruben die Unterstützung für das Regime des Estado Novo zunehmend auch unter den kapitalistischen Eliten und der Geistlichkeit Portugals.[49] Vier Jahre nach der Radioansprache Cabrals begannen linke Militäroffiziere mit der Organisation geheimer Treffen, um auf den Sturz des Regimes des Estado Nuevo hinzuarbeiten. Dabei trafen sich viele von ihnen in Guinea-Bissau, dem Schlachtfeld, auf dem die portugiesischen Kolonialstreitkräfte am unmittelbarsten vor der Niederlage standen.[50] Schließlich bildeten sie die »Bewegung der Streitkräfte« (Movimento das Forças Armadas, MFA), die das Estado-Novo-Regime stürzte, nachdem es sich geweigert hatte, die drei wichtigsten Forderungen der Bewegung, Demokratie, Entwicklung und Entkolonialisierung, zu erfüllen.[51] Die (zumindest in Portugal) weitgehend unblutige Machtübernahme der Offiziere 1974 ist heute als »Nelkenrevolution« bekannt, deren Namen auf die Bilder von jubelnden Bürger*innen zurückgeht, die den Soldaten der Streitkräfte Nelken überreichten, um das Ende des faschistischen Regimes zu feiern.[52] Während die Nelkenrevolution vielfach als der Wendepunkt betrachtet wird, der die Entkolonisierung herbeigeführt habe, meint der Soziologe António Tomás, es sei genau umgekehrt gewesen und der revolutionäre Kampf der PAIGC und ihrer verschiedenen Waffengefährt*innen habe zu einer partiellen Befreiung Portugals geführt, nicht andersherum.[53]

---

49 José Javier Olivas Osuna, »The Deep Roots of the Carnation Revolution: 150 Years of Military Interventionism in Portugal«, *Portuguese Journal of Social Science* 13, Nr. 2 (2014): 224.

50 António Tomás, »Introduction: Decolonising the ›Undecolonisable‹? Portugal and the Independence of Lusophone Africa«, *Social Dynamics* 42, Nr. 1 (2. Januar 2016): 3, https://doi.org/10.1080/02533952.2016.1164956.

51 Osuna, »Deep Roots of the Carnation Revolution«, 225.

52 Raquel Varela, »Today, We Celebrate the Carnation Revolution«, Interview mit David Broder, *Jacobin*, 25. April 2019, https://jacobinmag.com/2019/04/portugal-carnation-revolution-national-liberation-april.

53 Tomás, »Decolonising the ›Undecolonisable‹?«

Was wir haben

Die PAIGC führte unter schweren Bedingungen einen bedeutenden Kampf, und ihre Siege brachten für alle Beteiligten große Veränderungen. Die Genoss*innen der Partei konnten die Hürden, die die Geschichte ihnen in den Weg gestellt hatte, nicht ausradieren oder wegzaubern, aber sie konnten etliche davon überwinden und taten dies auch.

In Kapitel 2 und 3 habe ich ein ernüchterndes Bild gezeichnet. Die soziale Struktur verwandelt nicht nur die Kontexte, in denen wir miteinander handeln, in Welten, die den Interessen der Eliten dienen, sondern sie kann sogar unmerklich unsere Versuche pervertieren, uns gegen diese Beherrschung durch Eliten zu wehren. So endet manchmal ausgerechnet das, was wir tun, um gegen repressive Hierarchien zu kämpfen, in einer Zementierung dieser Hierarchien. Das ist eine nicht gerade hoffnungsvolle Diagnose.

Aber das heißt nicht, dass alles verloren ist. Wie wir bei der Diskussion des Märchens von des Kaisers neuen Kleidern gesehen haben, sind auch noch unsere alltäglichsten Interaktionen von Machtstrukturen beeinflusst. Von ebenso großer Tragweite ist jedoch das Ende der Geschichte: Ein kleines Kind zeigt auf den Kaiser und lacht ihn aus, statt sich an die Regeln zu halten oder sich einschüchtern zu lassen. Der Bann der strukturellen Hierarchie ist gebrochen und alle können jetzt laut sagen, was sie schon zuvor gedacht haben: Der Kaiser hat ja gar nichts an!

Hier wird klar, wie soziale Strukturen unsere Interaktionen organisieren: Sie erbauen die Welt, in der diese Interaktionen geschehen. Dazu gehört auch »Nützliches«, brauchbare Aspekte der so gebauten sozialen Umgebung. Wenn etwas leicht zu tragen sein soll, sollte man einen Griff daran anbringen. Wenn man verhindern will, dass die Menschen auf der Straße gehen, sollte man einen Gehweg bauen und die Straße gelegentlich mit Zebrastreifen versehen.

Die Welt, in der wir handeln, enthält außerdem positive und negative Anreize (Zuckerbrot und Peitsche), die unser Verhalten steuern. Im Allgemeinen tun Menschen wahrscheinlich eher Dinge, für die sie belohnt werden, als solche, für die sie bestraft werden.

Hier gibt es natürlich gewisse Grenzen. Soziale Strukturen bringen starke Beschränkungen mit sich, die bestimmte Handlungen nicht nur unerwünscht oder unpopulär, sondern ganz einfach unmöglich machen. Man kann nicht die Lehrpläne einer Schule »entkolonisieren«, die gar nicht erst gebaut wurde. Oder um ein sehr düsteres Beispiel zu nennen: Eine Person, die aus einem Hubschrauber geworfen wurde oder die in einem Geheimgefängnis sitzt, wird nicht in der Lage sein, einen Kampf gegen den Staat zu führen.

Hinzu kommen andere starke und ähnlich effektive Beschränkungen, so etwa die Angst, die den Liebsten der gerade erwähnten Person eingejagt wird, oder die physische Präsenz der Gefängniswärter*innen oder -leiter*innen. Wie Noam Chomsky in seinem Buch *Media Control* meinte: »In dem, was heutzutage als totalitärer Staat bezeichnet wird, oder in einem Militärstaat ist es einfach. Man hält den Menschen den Knüppel über den Kopf und wenn sie frech werden, schlägt man sie damit.«[54]

Aber diese gewalttätigen Formen der Repression bringen meist hohe Kosten mit sich. Sie kosten Aufmerksamkeit und Geld und lösen oft eine Gegenwehr aus, die die Eliten lieber nicht riskieren wollen.

Daher stützen sich die meisten sozialen Strukturen auf weniger brutale Mittel zur Kontrolle und Überwachung des gesellschaftlichen Lebens. Sie entwickeln Angebote, die die Menschen zu dem Verhalten verleiten, dass sich die Herrschenden wünschen und die es leichtmachen, Dinge zu tun, die gut für das System sind, und schwer, Dinge zu tun, die ihm schaden. Entscheidend ist, dass hier Belohnung und Strafe auf eine systemerhaltende Art verteilt sind.

Eine klassische Form von alldem ist die Manipulation durch Propaganda und Desinformation. Hier sollte daran erinnert werden, dass die Informationen, die wir erhalten – oder wie Carter G. Woodson sagte, unsere »Bildungssysteme« – weniger durch brachiale Indoktrinierung als dadurch gekennzeichnet sind, dass der Gebrauch systemerhaltender Informationen leicht gemacht wird, während bei systemverändernden Informationen das Gegenteil der Fall ist.

---

54 Noam Chomsky, *Media Control: The Spectacular Achievements of Propaganda*, 2. Ausgabe (New York: Seven Stories Press, 2002), 20.

Desinformation und Propaganda sind oft erfolgreich darin, Menschen irrezuführen, abzulenken und ihnen ein falsches Bild zu vermitteln. Aber das muss nicht so sein. Was in politischer Hinsicht wichtig ist, ist das Resultat solcher Bemühungen in Bezug darauf, was die Menschen tun beziehungsweise nicht tun. Wir haben ja schon gesehen, dass es außer falschen Vorstellungen auch noch andere Gründe gibt, die neuen Kleider des Kaisers als schön zu bezeichnen, statt sich einfach über ihn lustig zu machen.

Einige Aspekte der sozialen Überwachung konzentrieren sich eindeutig darauf, die Entscheidungen der Menschen zu ändern, ohne direkt auf eine Veränderung ihres Denkens abzuzielen. In diesem Zusammenhang haben etliche aktivistische Gruppen wie das Debt Collective und das Movement for Black Lives und Autoren wie Fant Cheru und Jeffrey Williams auf die disziplinierende Funktion von Studien-, Arzt- und Kreditkartenschulden hingewiesen.[55] Cheru argumentiert hier, dass viele postrevolutionäre afrikanische Regierungen durch die Auslandsschulden ihrer Länder zu Abkommen mit dem IWF genötigt wurden, während Williams zeigt, dass die wachsenden Studienschulden in den USA eine neue »Art von Pädagogik« sind, die die Student*innen von subversiven Aktivitäten abhält und sie dazu treibt, sich kritiklos mit dem Status quo abzufinden.[56]

Aber gleichzeitig ist klar, dass diese ganze Art, Welten aufzubauen und zu überwachen es *nicht schafft*, uns zu beschränken. Wesen wie wir verfügen über eine ganz besondere Macht. Trotz all unserer sozialen Programmierung können wir Dinge ganz einfach *tun*. Wir können, in gewissem Maß sogar nach Belieben, einfach ignorieren, was die Gesellschaft von uns erwartet. Wir können den Bürgersteig ignorieren und auf die Straße gehen; wir können unsere Tasche an Henkeln tragen, die unten festgemacht sind. Wir können Dinge tun, die bestraft werden, wir können auf den uns winkenden Lohn verzichten und uns mit weniger

55 »Economic Justice«, The Movement for Black Lives, https://policy.m4bl.org/.

56 Fantu Cheru, »Democracy and People Power in Africa: Still Searching for the ›Political Kingdom‹«, *Third World Quarterly* 33, Nr. 2 (2012): 265–291; Jeffrey Williams, »The Pedagogy of Debt«, *College Literature* 33, Nr. 4 (2006): 155–169.

zufriedengeben. Außerdem können wir die jeweiligen Belohnungen und Strafen akzeptieren, ohne die »Lektionen« zu übernehmen, die sie uns über den Wert anderer Menschen und Dinge einbläuen sollen.

Genau für dieses Handeln jenseits des gewohnten Trotts entscheidet sich das Kind, als es den Kaiser sieht, und es ist genau das, was Carter G. Woodson in Reaktion auf die weiße Vorherrschaft tat, was Lilica Boal und ihre Genoss*innen von der PAIGC angesichts des portugiesischen Kolonialismus taten, und was Paulo Freire in Reaktion auf die Hierarchien des rassifizierten brasilianischen Kapitalismus und der Geopolitik des Kalten Krieges tat.

Vonseiten übermächtig scheinender Strukturen und etablierter Interessen wird enorm viel Zeit, Geld und Mühe aufgewendet, um uns einzureden, dass wir diese Macht nicht haben oder zumindest nicht benutzen sollten. Es ist nicht schwer zu verstehen, warum, da es sich hier um die Art von Macht handelt, die das, was alle gerade noch bewundert haben, sehr rasch zum Gegenstand allgemeinen Spotts machen kann.

Diese Art von Macht ist eine von vielen, die uns zu verstehen helfen, warum unsere sozialen Systeme nicht unveränderlich sind – nicht einmal solche, die so kompliziert sind wie unser gegenwärtiges globales System des Kapitalismus. Wie wir bereits beim Common Ground gesehen haben, sind diese Strukturen etwas, was wir verändern können und immer wieder tatsächlich verändern. Wir können auf der Straße gehen, obwohl es Gehwege gibt, wir können auf der falschen Seite der Straße fahren, wir können Sätze von rechts nach links lesen. Wie diese Beispiele zeigen, kommt nicht immer viel dabei heraus, wenn wir einfach nur per se vom sozialen Drehbuch abweichen, aber mit etwas mehr Mühe und Nachdenken sehen wir hier eine Macht, die wir auch konstruktiver einsetzen können: Wir können Informationen weitergeben, über die unsere Chef*innen absolute Geheimhaltung verfügt haben. Wir können auf der Straße gehen, um aus Protest den Verkehr zu blockieren. Und wir können andere dazu auffordern, diese Dinge zusammen mit uns zu tun.

Wie die Umweltforscherin und Systemtheoretikerin Donella Meadows erklärt, ist unsere Fähigkeit, die Systeme, in denen wir leben, komplexer zu machen, obwohl wir selbst in eine Welt eingebettet sind, die unsere Handlungen strukturiert, ihrerseits Teil des allgemeinen *selbstorganisierenden Charakters* des Systems. Meadows sieht dabei eine Rolle für die Bildung, die der, die Woodson fast ein Jahrhundert vor ihr ins Auge fasste, beeindruckend ähnlich ist: »Bedingungen, die Selbstorganisierung ermutigen, können für die Einzelnen beängstigend und für die Machtstrukturen bedrohlich sein. Daher beschränken die Bildungssysteme häufig die schöpferischen Kräfte der Kinder, statt sie zu stimulieren.«[57]

Die sozialen Systeme der Menschen sind selbstorganisierend. Tatsächlich steckt etwas Ähnliches schon in der Verwendung des Wortes »Organisieren«, um eine Arbeit zu bezeichnen, die sich gegen die unterdrückerischen Aspekte unserer Gesellschaft wendet. Wenn wir organisieren, versuchen wir ja oft, innerhalb des Gesamtsystems, in dem wir leben, ein kleineres System aufzubauen, das so viel Einfluss ausübt, dass es das ganze System verändert. Das ist die potenzielle Rolle einer Massenbewegung, eine Arbeiterpartei, einer Serie von direkten Aktionen. Es ist die Art von Dingen, die wir in einem Raum tun können.

Die PAIGC stieß in ihrem Kampf für eine tiefere Freiheit, bei der es um mehr ging als um eine Flagge und Ministerposten, sowohl auf den Kapverden als auch in Guinea-Bissau auf viele Hindernisse. Dazu gehörten interne Dynamiken und soziale Spaltungen, die die Partei irgendwie handhaben, aber nicht beseitigen konnte. Aber außerdem gab es auch externe Probleme, die sich der Kontrolle ihrer interpersonalen Dynamik und ihrer institutionellen Entscheidungen entzogen, so etwa der Mangel an Ressourcen und der internationale Drogenhandel.

Für uns als Organisator*innen gibt es zwei grundlegende Möglichkeiten, auf diese bedauerliche Tatsache im Hinblick auf den politischen Kampf zu antworten. Die erste besteht in der Veränderung unserer Ziele und Prioritäten, um uns auf leicht zu erreichende Ziele zu konzentrieren, entweder, indem wir die externen Beschränkungen ignorieren, oder, indem wir vertrauensvoll davon ausgehen, dass unsere beste Möglichkeit zur Veränderung der Welt als Ganzes im richtigen Umgang mit unserer

57 Donella H. Meadows, *Thinking in Systems: A Primer* (Hartford, VT: Chelsea Green Publishing, 2008), 80.

»internen« Politik besteht. Aber während es sicher nicht immer falsch ist, uns auf das zu konzentrieren, was wir am besten kontrollieren und handhaben können, ist dieser Ansatz zugleich zutiefst defätistisch. Darum muss jede nüchterne Analyse unserer Situation davon ausgehen, dass die meisten Werkzeuge, über die wir verfügen, um zur Veränderung der Welt beizutragen, Teil einer zweiten, »externen« Strategie sein müssen: einer Strategie, die außerhalb eines bestimmten Raums oder Zustands interpersonaler Beziehungen angesiedelt ist.

Die Hämmer herausholen

Im Rahmen des konstruktiven Ansatzes, für den ich hier eintrete, wird klar, dass die Art und Weise, wie wir einander in organisatorischen Räumen behandeln, vor allem in Bezug darauf wichtig ist, wie sie uns mit dem Rest der Welt verbindet. Schließlich befindet sich der größte Teil der Welt – also auch die meisten Strukturen, die wir verändern wollen – außerhalb der spezifischen Räume, in denen wir Bündnisse schmieden und unsere Politik entwickeln.

Was auch immer die PAIGC falsch gemacht hat, in einem lag sie richtig: Die militante Bildungsarbeit im Rahmen des Befreiungskampfes und der Aufbau eines Bildungssystems nach der Revolution waren integraler Bestandteil ein und derselben Bemühung, die nicht nur die Dynamik des Klassenzimmers, sondern auch die der ganzen Gesellschaft verändern wollte. Diese Arbeit zielte auf eine buchstäbliche Neuzeichnung der Landkarte der Welt sowie die Veränderung ihrer Machtverhältnisse ab und versuchte, die Art von Räumen zu bauen, die zu diesem Ergebnis führen würde.

Die Krise um das bleiverseuchte Trinkwasser in Flint, Michigan, ist ein weiteres Beispiel aus jüngerer Zeit, das sowohl die Möglichkeiten als auch die Grenzen einer solchen Ausrichtung unserer Politik zeigt. Dabei beteiligte sich das Michigan Department of Environmental Quality (MDEQ), eine staatliche Behörde, die eigentlich für die »Gesundheit der Communitys« zuständig ist und der ein Team von 50 ausgebildete Wissenschaftler*innen zur Verfügung steht, monatelang an der Vertuschung des Ausmaßes und der Schwere der Gesundheitskrise, die ausgebrochen war, nachdem die Stadt seit 2014 auf den stark versechten Fluss Flint als alleinige Trinkwasserquelle umgestiegen war.

Nachdem die American Civil Liberties Union (ACLU) ein internes Memo der Bundesbehörde Environmental Protection Agency (EPA) verbreitet hatte, in dem diese ihre Besorgnis über bleiverseuchtes Wasser in Flint zum Ausdruck brachte, stellte die MDEQ einen manipulierten Bericht zusammen, in dem die Gesamtbleiverschmutzung unter die vom Bund festgelegten Höchstgrenze gedrückt wurde, indem zwei besonders kontaminierte Proben nicht mitgezählt wurden. Aus einer Position der Expertise und der politischen Autorität sprechend verteidigte die MDEQ den Status quo in Flint und behauptete, das Wasser aus dem Fluss sei »gefahrlos trinkbar«. Der Bürgermeister der Stadt, Dayne Walling zitierte dies in einer Stellungnahme, mit der er »Mythen widerlegen und die Wahrheit über den Flint River verbreiten« wollte.[58]

Einen Monat nach der folgenschweren Umstellung auf den Fluss als Trinkwasserquelle berichteten Bewohner*innen von einer merkwürdigen Färbung und einem beunruhigenden Geruch ihres Leitungswassers. Was sie in diesem Moment brauchten, war gewiss nicht, dass jemand ihre Unterdrückung »feierte«, »ins Zentrum rückte« oder zum Gegenstand eines »Narrativs« im neuesten akademischen Jargon machte. Sie brauchten keine Außenstehenden, die Empathie dafür äußerten, wie es ist, vergiftet zu werden. Es ist ja richtig, dass eine Politik der Rücksichtnahme den Menschen Mitgefühl vermitteln kann – und das ist nicht unwichtig. Aber es ist zweitrangig. Was die Menschen in Flint vor allem brauchten, war bleifreies Trinkwasser.

Also machten sie sich an die Arbeit. Der erste Schritt war die Entwicklung epistemischer Autorität. Zu diesem Zweck bauten sie einen neuen Raum, in dem die Bewohner*innen und Aktivist*innen Flints aktiv mit Forscher*innen zusammenarbeiteten, deren Labortests zeigen konnten, dass der MDEQ-Bericht gefälscht war.

58 Merrit Kennedy, »Lead-Laced Water In Flint: A Step-by-Step Look at the Makings of a Crisis«, NPR, 20. April 2016, https://www.npr.org/sections/thetwo-way/2016/04/20/465545378/leadie Empatjied-laced-water-in-flint-a-step-by-step-look-at-the-makings-of-a-crisis.

Der Aufschrei der Bewohner*innen Flints half, Wissenschaftler*innen für ihre Sache zu gewinnen. Diese neuen Raumgenoss*innen organisierten gemeinsam eine bürgerbasierte Wissenschaftskampagne, die noch mehr Alarm über die schlechte Wasserqualität schlug und in deren Rahmen Sampling-Kits an die Bewohner*innen der Viertel verteilt wurden, damit diese ihre eigenen Wassertests machen konnten. Das Bündnis von Bürger*innen und Wissenschaftler*innen siegte und die Verseuchung der Kinder von Flint mit Blei wurde zum nationalen Skandal.

Dieser Sieg über das staatliche Narrativ war aber nur der erste Schritt. Zum zweiten Schritt – der Reinigung des Wassers – war mehr als die bloße Anerkennung der Fakten durch die Behörden notwendig; er erforderte die Bereitstellung von Laboren und Ressourcen, um für sauberes Wasser zu sorgen und zur Lösung weiterer Gesundheitsprobleme beizutragen.

Zunächst reagierte die herrschende Elite auf die Bewohner*innen von Flint mit einer Mischung aus Plattitüden und sanftem Spott. (Das galt auch für den Präsidenten, den seine mit vielen Menschen in Flint geteilte ethnische Herkunft daran nicht zu hindern schien.) Aber heute scheint es, als hätten ihr Aktivismus und die Tatsache, dass sie immer mehr Bündnispartner*innen gewannen, zu weiteren und noch bedeutenderen Siegen geführt. Das von der Kampagne durchgesetzte Projekt zum Austausch gefährlicher Wasserleitungen tritt derzeit (2022) in sein letztes Stadium und die Aktivist*innen haben den Staat Michigan bereits zur Auszahlung von 600 Millionen Dollar Entschädigung an die betroffenen Familien gezwungen

All das ist allerdings keineswegs ein vollständiger Sieg. Zum einen geht von dieser Summe ein beträchtlicher Teil an Anwaltskosten ab und zum anderen kann sie natürlich den Schaden nicht ungeschehen machen, der den Bewohner*innen der Stadt zugefügt wurde.

Tatsächlich kann keine epistemische Orientierung allein die vielfältigen Formen der Machtungleichheit zwischen der Bevölkerung und dem imperialen staatlichen System beseitigen. Aber eine konstruktive Politik, wie die der Bürger*innen von Flint, *kann* dazu beitragen, das Spiel etwas weniger ungleich zu machen, während die Epistemologie der Rücksichtnahme sich gar nicht erst an ihm beteiligt.

Ein neues Haus bauen

Letztlich können wir in dem Raum, in dem wir uns befinden – unserer Organisation, unserem Viertel, unserem Seminar, unserer Partei – nur ein begrenztes Maß an Dingen erreichen. Dafür zu sorgen, dass in unseren Bewegungen, Gemeinschaften, Freundesgruppen und sozialen Netzwerken die richtige Dynamik zustande kommt, ist wichtig, aber außerdem stellt sich die entscheidende Frage, wie diese interne Arbeit mit anderen Kämpfen in Beziehung steht.

Der rassifizierte Kapitalismus ist selbst ein globales System und das Tempo und die Richtung des von ihm ausgelösten Klimawandels hängen von unseren Erfolgen und Niederlagen ab – und zwar im selben planetarischen Maßstab.[59]

Der konstruktive Ansatz gibt auf dieses Problem letztlich eine sehr einfache Antwort. Ganz gleich, ob im kleinen Maßstab oder im Rahmen einer großen Institution, das politische Ziel, an dem wir uns orientieren, besteht im *Aufbau von Dingen*, seien das nun Institutionen, Normen oder andere Instrumente der Veränderung. Wie wir eben gesehen haben, haben die Bewohner*innen von Flint eine bürgernahe Wissenschaftsstruktur aufgebaut, um der Macht des MDEQ zu begegnen. Dabei handelt es sich jedoch nicht um eine einmalige Geschichte, sondern um eine generalisierbare Strategie: Selbst diejenigen öffentlichen Entscheidungen, für die technische Konzepte und wissenschaftliche Forschung nötig sind, können auf echt demokratische und partizipatorische Weise getroffen werden.[60]

---

59 Olúfẹ́mi O. Táíwò und Liam Kofi Bright, »A Response to Michael Walzer«, *Dissent Magazine* (Blog), https://www.dissentmagazine.org/online_articles/a-response-to-michael-walzer; Robin D. G. Kelley, »What Did Cedric Robinson Mean by Racial Capitalism?«, *Boston Review*, 12. Januar 2017, https://bostonreview.net/race/robin-d-g-kelley-what-did-cedric-robinson-mean-racial-capitalism; Yousuf Al-Bu-lushi, »Thinking Racial Capitalism and Black Radicalism from Africa: An Intellectual Geography of Cedric Robinson's World-System«, *Geoforum*, 31. Januar 2020, https://doi.org/10.1016/j.geoforum.2020.01.018.

60 Ole F. Norheim et al., »Difficult Trade-Offs in Response to COVID-19: The Case for Open and Inclusive Decision Making«, *Nature Medicine* 27, Nr. 1 (1. Januar 2021): 10–13, https://doi.org/10.1038/s41591-020-01204-6; Kyle

Genau wie die Standort-Theorie scheint dieses simple Ethos zumindest auf dieser abstrakten Ebene offensichtlich und unverfänglich zu sein. Aber es hat Konkurrent*innen. So können Menschen und Organisationen ihre Politik immer als Gegensatz zu etwas Anderem definieren. Viele Formen der politischen Identifikation definieren sich ganz oder großenteils durch das, wogegen man ist, und dementsprechend ist man dann »antikapitalistisch«, »anti-Knast« oder »antirassistisch«. Natürlich ist es richtig, gegen Rassismus, Kapitalismus und Gefängnisse zu sein. Aber ein gründlicher Blick auf die Menschheitsgeschichte lehrt uns auch, dass selbst ein erfolgreicher Widerstand gegen all diese Dinge kein Garant für eine gerechte Zukunft ist. Keines dieser Phänomene ist, zumindest in seiner heutigen Form, auch nur ein Jahrtausend alt. Besonders in der jüngeren Geschichte wurden bestimmte Formen der Unterdrückung mit bedrückender Regelmäßigkeit von anderen Formen abgelöst, die den vorhergehenden ähnelten oder sogar noch schlimmer waren.

Aber vielleicht wollen wir ja mehr gegen Ungerechtigkeit tun, als einen Kampf gegen Windmühlen zu führen. Wenn wir tatsächlich mehr wollen, als die Farbe der Ketten unserer Kinder zu verändern, dürfen wir uns nicht auf den Kampf gegen einzelne Beispiele von Unterdrückung beschränken. Ich vermute, dass dies genau der Grund ist, aus dem die Gefängnisforscherin Ruth Williams Gilmore hervorgehoben hat, bei der »Abschaffung der Gefängnisse gehe es um Präsenz, nicht Absenz«, und aus dem ihr Mitstreiter Micah Herskind diese Abschaffung als »das duale Projekt des Abreißens und des Aufbaus«, als »die Demontage lebensaussaugender Systeme bei gleichzeitigem Aufbau lebensspendender Systeme« bezeichnet hat.[61] Gilmore und Herskind sprechen hier etwas an, das dem antikolonialen Ethos des PAIGC-Aktivisten Amilcar

---

Powys Whyte und Robert P. Crease, »Trust, Expertise, and the Philosophy of Science«, *Synthese* 177, Nr. 3 (2010): 411–425; Gabriele Contessa, »It Takes a Village to Trust Science: Towards a (Thoroughly) Social Approach to Social Trust in Science« (unveröffentlichtes Forschungspapier), 2021.

61 Micah Herskind, »Some Reflections on Prison Abolition after #MUMI«, *Medium*, 23. September 2020, https://micahherskind.medium.com/some-reflections-on-prison-abolition-after -mumi-5197a4c3cf98.

Cabral ähnelt und mit den Worten des kenianischen Aktivisten Firoze Manji »Selbstbestimmung, nicht Abspaltung« zusammengefasst werden kann.[62]

Der konstruktive Ansatz der Politik bedeutet auch den Aufbau von Macht innerhalb von und mittels Institutionen und Netzwerken. Einige davon operieren außerhalb der mächtigsten globalen Institutionen oder ganz an deren Rand: so etwa die informellen kollektiven Wirtschaftspraktiken gegenseitiger Hilfe, die Schwarze Menschen, aber auch andere über die letzten Jahrhunderte hinweg kontinuierlich praktiziert haben.[63] Aber bei vielen der Institutionen, die wir brauchen, handelt es sich um längst bekannte, bewährte Kräfte des sozialen Fortschritts. So ermöglichen Gewerkschaften den Arbeiter*innen kollektive Verhandlungen über ihren Lohn und ihre Arbeitsbedingungen – das allein sind schon wichtige Kämpfe, die über die grundlegenden ökonomischen und sozialen Lebensbedingungen zahlloser Menschen bestimmen. Aber natürlich ist das politische Potenzial von Gewerkschaften noch viel bedeutender. Organisierte Arbeiter*innen können ihre Macht für Ziele verwenden, die weit über Löhne und Sozialleistungen hinausgehen, und das haben sie in der Geschichte auch oft getan.

In den USA spielten die Gewerkschaften eine entscheidende Rolle bei der Abschaffung des Jim-Crow-Systems der formalen Segregation und bei der Entwicklung der Konzeption und Praxis eines »fairen Überwechselns« der Beschäftigten von ökologisch und gesellschaftlich schädlichen Wirtschaftszweigen in nützliche Industrien.[64] So ist es kein

---

62 Firoze Manji, »Amilcar Cabral and Ken Saro-Wiwa: Their Commonalities on Culture and the Struggle for Freedom«, *Ukombozi Review* (Blog), 6. September 2020, https://ukombozireview.com/blog/amilcar-cabral-and-ken-saro-wiwa-their-commonalities-on-culture-and-the-struggle-for-freedom/.

63 Caroline Shenaz Hossein, *The Black Social Economy in the Americas: Exploring Diverse Community-Based Markets* (Springer, 2017); Caroline Shenaz Hossein, »Daring to Conceptualize the Black Social Economy«, in *The Black Social Economy in the Americas* (Springer, 2018), 1–13; Jessica Gordon Nembhard, *Collective Courage: A History of African American Cooperative Economic Thought and Practice* (University Park: Penn State Press, 2014).

64 Joe William Trotter Jr., *Workers on Arrival: Black Labor in the Making of America* (Berkeley: University of California Press, 2019); Olúfẹ́mi O. Táíwò und

Zufall, dass am Anfang des erfolgreichen antikolonialen Kampf der PAIGC ein mutiger Streik von Arbeiter*innen und dessen gewaltsame Unterdrückung durch die Kolonialpolizei standen.[65] In jüngerer Zeit haben ägyptische, algerische, kuwaitische und andere Gewerkschaften im Nahen Osten den Verboten und der Repression der Regimes, deren Machtmissbrauch die Aufstände des Arabischen Frühlings von 2011 auslöste, getrotzt und Zugeständnisse erzwungen und taten das auch gegenüber den nachfolgenden Regimes.[66]

Aber wir werden in Zukunft auch einige Institutionen aufbauen müssen, die uns vielleicht noch nicht so vertraut sind. 2013 begann ein Bündnis von Organisator*innen eine durch Crowdfunding finanzierte Kampagne namens »Rolling Jubilee«, die sich für die Annullierung der Schulden – 30 Millionen Dollar an Arztrechnungen, Studiengebühren, Schnellkrediten und Strafgebühren – von Tausenden bis dahin unorganisierter Menschen einsetzte. Diese Koalition entwickelte sich zu einer Schuldnergewerkschaft namens Debt Collective.

In den Vereinigten Staaten betragen allein die Schulden von Student*innen 1,7 Billionen Dollar – was, wie das Debt Collective notiert, 1,7 Billionen Dollar an Hebelwirkung im globalen Finanzsystem bedeuten kann, wenn diese Summe zielgerichtet eingesetzt wird.

Derzeit kämpfen überall auf der Welt Gruppen, deren Ziel eine gerechtere Wohnungspolitik ist und die von Hausbesetzer*innen bis zu Mietergewerkschaften reichen, gegen die Diktate des Kapitals auf dem

---

Dylan Plummer, »Just Transition: Learning From the Tactics of Past Labor Movements«, *The Trouble*, 12. Oktober 2020, https://www.the-trouble.com/content/2020/10/12/just-transition-learning-from-the-tactics-of-past-labor-movements.

65 Urdang, »Fighting Two Colonialisms«.

66 Anthony Faiola, »Egypt's Labor Movement Blooms in Arab Spring«, *Washington Post*, 25. September 2011, https://www.washingtonpost.com/world/middle-east/egypts-labor-movement-blooms-in-arab-spring/2011/09/25/gIQAj6AfwK _story.html; »The Arab Spring and Independent Trade Unions: High Hopes and New Challenges – ITUC Survey of Violations of Trade Union Rights«, Survey of Violations of Trade Union Rights, https://survey.ituc-csi.org/The-Arab-Spring-and-independent.html?lang=en; Urdang, »Fighting Two Colonialisms«.

Wohnungsmarkt.[67] Wie das Debt Collective unterstreicht, können die alten und die neuen Formationen sich in ihrer Arbeit gegenseitig unterstützen. Ein gutes Beispiel dafür ist die erfolgreiche Revolte der Menschen in Cochabamba in Bolivien gegen die Privatisierung der Wasserversorgung der Stadt durch den US-basierten multinationalen Konzern Bechtel – eine Bewegung, die eine Kombination von Generalstreiks und militärischen Guerillataktiken anwendete, um die öffentliche Kontrolle über die Commons zu verteidigen.[68]

Aber eine konstruktive Politik fordert von uns, unsere Macht überall, in allen Bereichen des sozialen Lebens auszubauen und nicht nur im Bereich der Arbeit. Das ist im digitalen Zeitalter ganz besonders wichtig. Eine der Bedrohungen, die von diesem jüngsten Stadium des rassifizierten Kapitalismus ausgehen, ist die Erosion der praktischen und materiellen Grundlagen für die Macht und Kontrolle der Bevölkerung über die Produktion und Verbreitung von Wissen.

Die Kaperung und Korrumpierung dieser Bereiche durch wohlpositionierte Eliten, die sich besonders in den Technologieunternehmen finden, schreitet ununterbrochen voran und stößt bislang kaum auf Widerstand.

So beobachten wir die Monopolisierung der Lokalnachrichten und der sozialen Medien durch Großunternehmen, die fortschreitende Zerstörung und Plünderung des Journalismus und die Dominanz elitärer Interessen über die Produktion von Wissen in Universitäten und Denkfabriken. Aber zugleich zeigt uns die lange Geschichte des Enthüllungsjournalismus, abolitionistischer Zeitungen, der Bewusstseinsbildung und von Kampagnen für politische Bildung, dass Informationsnetze und effektives politisches Handeln imstande sind, der Gewalt des Systems Zügel anzulegen. Viele Menschen arbeiten hart daran, Varianten all

67 Dominika V. Polanska, Hannes Rolf und Scott Springfeldt, »Tenants Organizing: Precarization and Resistance«, *Radical Housing Journal* 3, Nr. 1 (2021): 121–129.

68 Jim Shultz, »The Cochabamba Water Revolt and Its Aftermath«, in *Dignity and Defiance* (Berkeley: University of California Press, 2009), 9–44; Debt Collective, *Can't Pay, Won't Pay: The Case for Economic Disobedience and Debt Abolition* (Chicago: Haymarket Books, 2020).

dessen für das 21. Jahrhundert zu entwickeln. Sie bauen starke Netze eines Bewegungsjournalismus auf, ermutigen die Nutzung alternativer Plattformen auf den sozialen Medien und arbeiten an der Fähigkeit linker Organisationen zu selbständiger Forschung. Sie verdienen und benötigen unsere Unterstützung.

Regeln und Prozeduren können zur Stabilität und guten Führung solcher Projekte beitragen. Aber Handbücher zur korrekten Vereinsführung reichen nicht aus, um eine toxische Organisierungskultur im Zaum zu halten. Hier werden wir uns umfassendere Gedanken machen müssen.

In einer Rede, in der er soziale Bewegungen wie die antiimperialistischen Kämpfe beschrieb, die er und andere damals gegen das portugiesische Imperium führten, erklärte Cabral, nationale Befreiung sei »notwendigerweise ein Akt der Kultur«.[69] Aber mit dieser Bezugnahme auf »Kultur« meinte Cabral nicht, dass eine sorgsam recherchierte Sammlung populärer Grußformeln, traditioneller Mahlzeiten und indigener Kleidungsstile für sich genommen schon ausreichen würde, die militärischen Kräfte des faschistischen Imperiums zu Fall zu bringen.

Für Cabral war Kultur »die kraftvolle Artikulation« von Menschen »auf der ideologischen oder idealistischen Ebene« und ein »Produkt ihrer Geschichte«. Dabei bestand er jedoch darauf, dass Kultur nicht bloß eine träge ideologische Kraft oder eine Reihe Moden und Vorlieben sei, die sich aus vergangenen und gegenwärtigen Trends ergeben: »Aufgrund des positiven oder negativen Einflusses, den sie auf die Entwicklung des Verhältnisses zwischen dem Menschen und seiner Umwelt ausübt« sei sie vielmehr auch »eine bestimmende Kraft der Geschichte«. Genau darum behauptete er auch, die imperialistische Herrschaft könne »nur durch die ständige organisierte Unterdrückung des kulturellen Lebens des betroffenen Volkes aufrechterhalten werden«. Schließlich ist den schlaueren unter den Imperialist*innen klar, dass die Kolonisierten, wenn sie erst einmal nach Wegen zu suchen beginnen, wie sie einen größeren Teil ihres Lebens selbst organisieren können, als man ihnen

69 Amilcar Cabral, »National Liberation and Culture« in *Return to the Source* (New York: Africa Information Service, 1973), 39–57.

dies heute erlaubt, auch dazu übergehen könnten, den ganzen Kuchen für sich zu verlangen. Von daher gesehen war der Kampf um nationale Befreiung schlicht »der organisierte politische Ausdruck der Kultur des Volkes, das diesen Kampf führt«.[70] Zugleich sollten wir unsere kulturellen Normen demselben konstruktiven Test wie all unsere anderen Ziele und Bestrebungen unterziehen: »Es kommt also darauf an, sich an eine kritische Analyse der afrikanischen Kulturen und ihres Verhältnisses zur Befreiungsbewegung und zu den Notwendigkeiten des Fortschritts zu machen.« Das heißt, wir sollten unsere Kultur instrumentell bewerten, also danach, wie gut sie uns beim Aufbau dessen hilft, was wir aufbauen wollen.[71]

Eine konstruktive politische Kultur sollte sich statt auf den Prozess auf das Ergebnis konzentrieren – also darauf, spezifische politische Ziele oder Endresultate zu verfolgen, statt darauf, jegliche Komplizenschaft mit Unrecht zu vermeiden oder rein moralische oder ästhetische Ziele hochzuhalten.

Im Hinblick auf Wissen und Information sollten wir uns vor allem um den Aufbau von Institutionen und die Entwicklung von Praktiken der Sammlung und Verbreitung von Informationen bemühen, die uns bei Kampagnen nützlich sein können, statt spezifische Gruppen von Menschen oder Sprecher*innen, die für sie stehen, in den Mittelpunkt zu stellen. Und unser Programm sollte direkt eine Neuverteilung der sozialen Macht und der sozialen Ressourcen anstreben, statt sich mit Denkmälern, Aufmerksamkeit und Symbolismus zufriedenzugeben.

Wir müssen uns auf den Bau und den Umbau von Räumen konzentrieren, nicht auf die Regelung des Verkehrs innerhalb der Räume und zwischen ihnen. Dies ist ein Projekt zur Gestaltung einer Welt, das sich den Aufbau und Neubau realer Strukturen sozialer Beziehungen und Bewegungen zum Ziel setzt und nicht nur eine Kritik der Strukturen, die wir bereits haben.

Wir sollten bei all dem verschiedene Ebenen im Auge behalten, von lokalen Kämpfen wie der Gemeindekontrolle über Land, Wohnraum

70 Cabral, »National Liberation and Culture«, 40–41, 43.

71 Cabral, »National Liberation and Culture«, 51–52.

und Energie bis hin zu weltweiten Kämpfen um die Streichung von Schulden im Globalen Süden. Sobald solche Kämpfe tatsächlich im Weltmaßstab stattfinden, ermöglichen sie uns eine völlige Umgestaltung unseres globalen sozialen Systems: So können wir das Haus, in dem wir alle leben, ganz neu bauen.

FÜNF

Es kommt darauf an, sie zu verändern

1845 schrieb Karl Marx seinen berühmten Satz: »Die Philosophen haben die Welt nur verschieden *interpretiert*; es kömmt drauf an, sie zu *verändern*.«[1] Denn es wird ja, ganz gleich, wie wir die Gedanken und Botschaften unserer Organisationskultur »zentrieren«, immer Blei in unserem Wasser geben, solange wir nichts am Zustand der Leitungen verändern.

Mehr als hundert Jahre später und einen Ozean entfernt formulierte die afro-guayanische Aktivistin und Intellektuelle Andaiye einen ähnlichen Weckruf: »Die alten Fundamente brechen zusammen«, warnte sie, »und wir haben uns die neuen noch nicht einmal ausgedacht«.

Nicht nur mir ist aufgefallen, wie sehr die beiden Gedanken einander ähneln: Alissa Trotz, die Herausgeberin der Sammlung von Andaiyes Essays, in der ich den zitierten Satz entdeckte, hatte gute Gründe, dem Band den Titel *Es kommt darauf an, die Welt zu verändern* zu geben und ihm die elfte These von Marx über Feuerbach als Motto voranzustellen.[2]

Aber während es im Satz von Marx um den uralten Kampf um den Ort der Philosophie in sämtlichen Zeitaltern geht, fordert Andaiye uns mit ihrem Kommentar dazu auf, die Relevanz der Philosophie in unserer eigenen Zeit zu untersuchen.

Andaiye wurde am 11. September 1941 in Georgetown, der Hauptstadt des damaligen Britisch-Guyana geboren. 1962 organisierte die CIA mit Zustimmung Präsident John F. Kennedys eine Kampagne zur

---

1 Karl Marx, »Thesen über Feuerbach«, Karl Marx & Friedrich Engels, *Gesammelte Werke*, Bd. 3 (Berlin: Dietz Verlag, 1973), 5–7.

2 Andaiye, »The Contemporary Caribbean Struggle«, in *The Point Is to Change the World: Selected Writings of Andaiye*, Alissa Trotz, Hg. (London: Pluto Press, 2020).

Unterminierung der Wahlen von 1964, nach denen das Land in die Unabhängigkeit entlassen werden sollte. Als dann die Wahlen dennoch von dem indo-guyanischen Kommunisten Cheddi Jagan gewonnen wurden, wurde dieser von einem als „moderat" betrachteten Politiker, Forbes Burnham, gestürzt, dessen Herrschaft, die der guyanische Historiker Clem Seecharan als eine Diktatur charakterisiert, dann 16 Jahre dauerte.[3]

Während das Land in einen Zustand versank, den Seecharan als eine »Art rassifizierten Krieg zwischen Afrikaner*innen und Inder*innen« bezeichnet, arbeitete die junge Andaiye hart an ihrer Bildung und der Vertiefung ihrer radikalen politischen Ansichten. Sie studierte mit ihrem späteren Genossen Walter Rodney an der University of the West Indies und gab danach in den USA Kurse für »benachteiligte Student*innen«. Von dort kehrte sie mit dezidiert feministischen und marxistischen, im Prinzip der Solidarität verankerten politischen Ansichten nach Hause zurück. Zu den vielen Organisationen in Guyana, in denen sie mitarbeitete, gehörten die Frauenorganisation Red Thread und die Working People's Alliance.

Als sie 2009 von ihrer Alma Mater zu einer Rede zur Verabschiedung der Student*innen eingeladen wurde, konnte Andaiye bereits auf lange Jahre eines Aktivismus zurückblicken, bei dem sie sich immer stark auf die konkreten Einsätze politischer Analysen konzentriert hatte. Und als sie sagte, »die alten Fundamente« brächen zusammen, während »wir uns die neuen noch nicht einmal ausgedacht« haben, redete sie nicht von der Struktur philosophischer Analysen oder Mustern des politischen Diskurses. Sie redete vom Wetter.

Im Weiteren erklärte Andaiye »die alten Annahmen über das Wettergeschehen und dessen Einfluss auf die großen Wirtschaftsstrukturen« seien »heute nicht mehr gültig«.[4] Die Karibik wurde mehr und mehr von Klimakrisen heimgesucht. Während der Klimawandel den größeren, wirtschaftlich entwickelten Ländern damals noch relativ unbedeutend erscheinen mochte, stellte er für die kleinen Inselstaaten der

---

3 Clem Seecharan, »Foreword«, in Andaiye, *The Point Is to Change the World.*

4 Andaiye, »Contemporary Caribbean Struggle«.

Karibik bereits eine existentielle Bedrohung dar. 2005 verlor Andaiyes Heimatland Guyana durch eine einzige Flutkatastrophe, die lediglich 25 Meilen seiner über 200 Meilen langen Küste betraf, etwa 60 Prozent seines Bruttoinlandsprodukts.[5]

Solche ökologischen Krisen führen zu einer Verschärfung vieler seit langem in der Weltökonomie bestehender Formen von Ungerechtigkeit. Nach der Flut in Guyana hatten im Pflegebereich tätige Frauen und Subsistenzfarmerinnen es noch wesentlich schwerer als zuvor.

Auch das 1994 ratifizierte Nordamerikanische Freihandelsabkommen (North American Free Trade Agreement – NAFTA) verschärfte die Ungerechtigkeit gegenüber Frauen. In Sektoren wie der verarbeitenden Industrie verloren Frauen in mehr als doppelt so hohem Maß wie Männer ihren Arbeitsplatz und stellten nun einen noch größeren Anteil des prekären informellen Sektors der Ökonomie. Die große Mehrheit der Bauernbevölkerung der Dominikanischen Republik wurde aus dem relativ sicheren formellen Sektor in den informellen Sektor abgedrängt. In Guyana nahm die ethnische Gewalt zu, in Jamaika erreichte die Polizeibrutalität neue Höhepunkte und in der gesamten Region kam es zu einem rasanten Anstieg häuslicher und sexualisierter Gewalt.

Wie Andaiye weiter ausführte, baten die mit diesen Krisen konfrontierten Länder dann die Institution um Hilfe, die über die nötigen Mittel verfügte, nämlich den IWF – und zwar trotz der Tatsache, dass sich an der katastrophalen Strukturanpassungspolitik, die der Währungsfonds in den 1970er Jahren betrieben hatte, kaum etwas geändert hatte.

An dieser Stelle forderte Andaiye mehr Fantasie und Vorstellungskraft. Es gehe jetzt nicht mehr um eine noch genauere Analyse der Fehlschläge der ersten oder zweiten Welle der karibischen Politik, sondern darum, den Mangel an neuen Lösungen zu überwinden, der die Region zurück zu bekannten und verfügbaren Nicht-Lösungen zwang. Sie rief nach Kräften, die anpacken.

---

5 Global Facility for Disaster Reduction and Recovery, »Stories of Impact: Communicating Flood Risk Along Guyana's Coast – Guyana«. ReliefWeb, 3. November 2016, https://reliefweb.int/report/guyana/stories-impact-communicating-flood-risk-along-guyana-s-coast.

Damit befand Andaiye sich in guter Gesellschaft. In ihrem Klassiker *Golden Gulag* dokumentiert die abolitionistische Wissenschaftlerin Ruth Wilson Gilmore eine tiefgreifende Ironie im Aufstieg des kalifornischen Gefängnissystems – insbesondere angesichts des langjährigen Antikommunismus des US-Kapitalismus: Die geschichtlich fast beispiellose Masseninhaftierung in den USA kam durch eine enge Zusammenarbeit von Unternehmen, Banken und Repräsentant*innen des Staatsapparats zustande – mit anderen Worten, durch »zentrale Planwirtschaft«. Aber Gilmore wies auch auf gewisse Aspekte des erfolgreichen Widerstands kalifornischer Gemeinden gegen diese Politik hin, so etwa im Bezirk Tulane County, wo Familienbetriebe und Landarbeiter*innen, die sich unter dem Banner der United Farm Workers zusammenschlossen, den geplanten Bau eines Gefängnisses verhinderten. Community-Aktivist*innen waren auch ohne die »technokratische Expertise«, die Banker*innen und Staatsbeamt*innen zur Verfügung steht, in der Lage, »alternative Planungskriterien« zu präsentieren, die ihrer Meinung nach »jeder Entscheidung über einen Wirtschaftsstandort vorausgehen müssen«, ein Vorgehen, das Gilmore als »Planung von unten« bezeichnet.[6]

Wie wir sehen, sind sowohl Andaiye als auch Gilmore der Meinung, dass Orte durch Planung geschaffen werden. Und das konstruktive Programm stellt an diesem Punkt die Frage: Werden das ihre oder unsere Pläne sein?

Was der konstruktive Ansatz von uns fordert

Der konstruktive Ansatz zur Politik verlangt von uns durchaus nicht, eine ganze politische Kultur völlig neu zu erfinden. »Konstruktiv« ist schließlich nur ein Wort, und auch vor uns haben schon viele Menschen, darunter auch die, von denen in diesem Buch viel die Rede ist, eine konstruktive Politik betrieben, ohne dass sie zur Beschreibung ihres Tuns unbedingt diesen spezifischen Begriff verwendeten.

6 Ruth Wilson Gilmore, *Golden Gulag: Prisons, Surplus, Crisis, and Opposition in Globalizing California* (Berkeley: University of California Press, 2007), 176–178.

Ein konstruktives Programm verlangt von uns nicht, unserer eigenen zwischenmenschlichen, symbolischen oder materiellen Bedürfnisse zu ignorieren, aber es verlangt sehr wohl eine kohärente Antwort auf die Frage, wie wir diese Bedürfnisse ins richtige Verhältnis zu den Bedürfnissen des Kampfes und den Bedürfnissen der vielen Menschen und Generationen setzen, die nicht unmittelbar anwesend sind. Demita Frazier vom Combahee River Collective erinnert sich, wie sie aufgrund ihrer Lektüre des Buchs *Woman Power* von Cellestine Ware zu der Überzeugung kam, dass es das »Recht und die Pflicht« Schwarzer Frauen sei, im Rahmen ihrer radikalen Perspektive auch ihre eigene soziale Position zu analysieren.[7] Ich bin der Meinung, dass wir uns alle daran ein Beispiel nehmen sollten.

Allerdings stellt der konstruktive Ansatz hohe Anforderungen. Er verlangt von uns, Planer*innen und Architekt*innen zu sein und uns verantwortlich und aufmerksam gegenüber Menschen zu verhalten, die noch gar nicht im Raum sind. Und wir müssen nicht nur Architekt*innen sein, sondern selbst aktiv mit Hand anlegen und tatsächlich die Art von Räumen schaffen, in denen wir alle uns aufhalten können, statt folgenlos darüber zu spekulieren, wie solche Räume vielleicht aussehen könnten. Aber hier, am Ende dieses Buchs, muss auch klar gesagt werden, dass der konstruktive Ansatz letztlich auch moralische und emotionale Anforderungen an uns stellt: Die Planung und der Aufbau einer neuen Welt sind unmöglich ohne eine kollektive Kultivierung bestimmter Formen moralischer und emotionaler Disziplin.

Die Politik der Rücksichtnahme verdient durchaus auch Lob, weil sie die Bedeutung gelebter Erfahrungen – insbesondere traumatischer Erfahrungen – anerkennt und sich mit diesen beschäftigt. Aber diese Tugend wird zum Laster, wenn ignoriert wird, welche Auswirkungen es hat, dass jemand bereits »im Raum ist«, und sie wird es auch dann, wenn die große Bedeutung und Verbreitung von Traumata als Grund für eine soziale Vorzugsbehandlung der Betroffenen und besondere Rücksichtnahme verstanden werden, statt vor allem als kollektiv anzugehendes Problem.

---

7 Keeanga-Yamahtta Taylor, *How We Get Free: Black Feminism and the Combahee River Collective* (Chicago: Haymarket Books, 2017), 117.

An dieser Stelle hören gelehrte Analysen und Argumente für mich auf. Was ich von nun an zu sagen habe, hat mehr mit Überzeugungen als faktischen Behauptungen zu tun. Aber das Leben hat mich gelehrt, dass auch Überzeugungen, auf wie verschiedene Art auch immer sie präsentiert oder aufgenommen werden, viel lehren können, und also spreche ich nun von ihnen.

Ich nehme die Sorge um Traumata ganz besonders ernst. Ich bin in den Vereinigten Staaten aufgewachsen, einem Land, das von einer Geschichte des Siedlerkolonialismus, der rassistischen Sklaverei und der Folgen beider geprägt ist und das von etlichen kollektiven und historischen Traumata umgetrieben wird. Hinzu kommt in meinem Fall noch, dass ich in einer nigerianischen Diaspora-Gemeinschaft aufgewachsen bin, in der viele Menschen unmittelbare Zeug*innen eines Völkermords waren.

Mir sind sowohl im Land als Ganzem als auch in meiner Community persönliche Charakterzüge, Gewohnheiten und Verhaltensformen begegnet, von denen ich vermute, dass sie auf diese düsteren Aspekte der Vergangenheit zurückgehen. Wie die meisten anderen Menschen blieb auch ich von alldem nicht verschont. Ich habe gesehen und gespürt, wie ich mich aus Angst um meine Würde oder mein Leben in jemanden verwandelte, der von Schmerz und Demütigung niedergedrückt wurde. Ich denke oft über diese traumatischen Momente nach, und dann kommt mir nur sehr selten der Satz in den Sinn: »Das war lehrreich.«

Wenn wir viel Glück haben, können solche Erfahrungen als Bausteine dienen. Was dann dabei herauskommt, hängt von der Art und Weise ab, wie diese Steine zusammengefügt werden. Im Studium der der Wissenspolitik nennt man das die »achievement thesis«, die »Theorie des Resultats«. Wie die Philosophin Briana Toole ausführt, versetzt der soziale Ort einer Person diese lediglich in die Position, etwas zu wissen, während ein »epistemisches Privileg« oder Plus nur errungen werden kann, wenn man von dieser Position aus auch einen bewussten und zielgerichteten Kampf führt.[8]

8 Briana Toole, »From Standpoint Epistemology to Epistemic Oppression«, *Hypatia* 34, Nr. 4 (2019): 598–618; Briana Toole, »Demarginalizing Standpoint Epistemology«, *Episteme* 1 (2020): 19.

Demütigung, Entbehrung und Leid können zum Wachstum beitragen, besonders im Kontext einer absichtlichen, strukturierten Bemühung der »Bewusstwerdung«, auf die Toole ganz besonders verweist. Aber genau dieselben Erfahrungen können sehr destruktiv sein, und ich würde darauf wetten, dass genau das wesentlich öfter der Fall ist.

Dem Sprichwort zum Trotz sind Schaden und Schmerz keine guten Lehrmeister, ganz gleich, ob sie durch Unterdrückung verursacht sind oder nicht. Leid ist parteiisch, kurzsichtig und mit sich selbst beschäftigt. Wir sollten keine Politik betreiben, die von etwas anderem ausgeht. Unterdrückung ist kein Training für edlere Vorhaben.

Auch wenn der konstruktive Ansatz viel von uns verlangen mag – die Politik der Rücksichtnahme verlangt sogar mehr, und sie tut dies auf noch weit unfairere Art. Die Philosophin Agnes Callard schreibt ganz zurecht, dass Traumata und die verständliche und vollkommen gerechtfertigte Wut, die oft mit ihnen einhergeht, einen Menschen ebenso leicht beschädigen wie besser machen können.[9] Vielleicht ist Ersteres sogar öfter der Fall.

Meine tiefste Überzeugung im Hinblick auf die Politik der Rücksichtnahme ist letztlich die, dass sie sich von Traumata etwas erwartet, was diese nicht bieten können. Sie fordert von den Traumatisierten, dass sie allein eine Last tragen, die wir alle zusammen schultern sollten, und sie stellt sie damit auf einen Sockel, unter dem wir uns dann verstecken können.

Wenn ich an mein eigenes Trauma denke, denke ich nicht an die Lehren fürs Leben, die es mir erteilt hat. Ich denke an die stille Würde des Überlebens. Schon allein die Tatsache, dass die Kapitel dieses Traumas nicht die letzten meiner Geschichte waren, bedeutet mir genug. Für mich ist das Wichtigste an diesen Erfahrungen, dass ich immer noch hier bin, um mich an sie zu erinnern.

Darüber hinaus finde ich, dass die Politik der Rücksichtnahme von uns verlangt, weniger zu sein, als wir sein können – und das nicht einmal zu unserem Vorteil. Oder wie der Gelehrte und Aktivist Nick Estes im

---

9 Agnes Callard, »The Philosophy of Anger«, *Boston Review*, 16. April 2020, https://bostonreview.net/forum/agnes-callard-philosophy-anger.

Kontext Indigener Politik erklärt: »Das Hinterhältige an der Politik des Traumas ist, dass sie reale Menschen und Kämpfe, egal, ob es nun um die Staatsbürgerschaft und Zugehörigkeit von People of Color oder die von Indigenen geht, auf die Frage ihrer Verletzung reduziert. Sie definiert ein ganzes Volk vor allem durch sein Trauma und nicht durch seine Träume oder seine bloße Menschlichkeit.« Dieses Schauspiel werde nicht zum Wohl der Indigenen Völker aufgeführt, sondern »für ein weißes Publikum oder weiße Machtinstitutionen«.[10]

Wenn ich an mein eigenes Trauma denke, denke ich auch an die Erkenntnis des großen Schriftstellers James Baldwin, der sagte, dass das, was ihn am meisten quälte, »genau die Dinge waren, die mich mit allen Menschen verbanden, die gerade lebten oder je gelebt hatten«.[11]

Die Tatsache, dass ich meinen Teil an traumatischen Erfahrungen hatte, verschiedene Arten von Misshandlung überlebt habe und aufgrund zufälliger Umstände auch mit der Möglichkeit eines gewaltsamen Todes konfrontiert war (wie unterschiedlich meine Umstände auch von denen der Menschen um mich herum gewesen sein mögen), ist keine Trumpfkarte, die man in einer spielifizierten sozialen Interaktion einsetzt und keine Waffe im Kampf um Prestige.

Sie gibt mir kein besonderes Recht, für eine Gruppe zu sprechen, Bewertungen vorzunehmen oder Entscheidungen zu treffen. Sie ist eine konkrete, erfahrene Manifestation der Verwundbarkeit, die mich mit den meisten Menschen auf dieser Erde verbindet. Sie bildet zwischen mir und anderen Menschen keine Mauer, sondern eine Brücke.

Gemeinsam gehen – die Politik der Solidarität, für die die Politik der Rücksichtnahme ein in vieler Hinsicht mangelhaftes Beispiel ist – ist ein guter Anfang. Aber das allein ist noch nicht genug. Wir müssen außerdem kollektiv entscheiden, wohin wir gehen wollen, und wir müssen dann tun, was nötig ist, um dorthin zu kommen. Dabei genießen wir zwar ein unterschiedliches Maß an Privilegien und Vor-

10 Nick Estes (@nickwestes), Twitter, 4. September 2020, 4:40 PM, https://twitter.com/nickwestes/status /1301998637740851201.

11 Jane Howard, »Doom and Glory of Knowing Who You Are«, *Life*, 24. Mai 1963.

teilen, aber bei dieser Reise geht es nicht darum, festzulegen, wer sich vor wem verneigen sollte, sondern einfach darum, herauszufinden, wie wir am besten unsere Kräfte bündeln können. Wie Paulo Freire uns in seinen Schriften gezeigt hat und wie die afrikanischen antikolonialen Revolutionen und die portugiesische Nelkenrevolution uns in der Praxis demonstriert haben, werden wir einander brauchen, um an das Ziel zu kommen, auf das wir zugehen. Und darauf, dorthin zu kommen, kommt es doch letztlich an.

Über den Autor

Olúfẹ́mi O. Táíwò ist Assistenzprofessor für Philosophie an der Georgetown University. Er promovierte in Philosophie an der University of California in Los Angeles (UCLA). Seine Arbeiten wurden in akademischen Zeitschriften wie *Public Affairs Quarterly*, *One Earth*, *Philosophical Papers* und dem Newsletter der American Philosophical Association *Philosophy and the Black Experience* veröffentlicht. Táíwòs theoretisches Werk bedient sich ausgiebig bei der Schwarzen radikalen Tradition, dem antikolonialen Denken, der deutschen transzendentalen Philosophie, der modernen Sprachphilosophie, den Sozialwissenschaften und der Geschichte des Aktivismus und aktivistischer Denker*innen. Seine philosophischen Reflexionen, darunter Artikel, die den Zusammenhang von Klimagerechtigkeit und Kolonialismus untersuchen, erschienen in *The Nation*, *Boston Review*, *Dissent*, *The Appeal*, *Slate*, *New Republic*, *Aeon*, *Foreign Policy* und auf *Al Jazeera*. Er ist außerdem Autor des Buchs *Reconsidering Reparations* (Oxford University Press 2022).